LA ESCRITURA DEL SIGILO

Morote Serrano, Natalio
   La escritura del sigilo: la comunicación en el pensamiento de
Jacques Derrida. - 1a ed. - Buenos Aires: Elaleph.com, 2007.
   174 p.; 21x15 cm.

   ISBN 978-987-1070-60-2

   1. Filosofía. I. Título
   CDD 190

Queda rigurosamente prohibida, sin la autorización escrita de los titulares del copyright, bajo las sanciones establecidas por las leyes, la reproducción total o parcial de esta obra por cualquier medio o procedimiento, comprendidos la fotocopia y el tratamiento informático.

© 2007, Natalio Morote Serrano
© 2007, Elaleph.com S.R.L.

contacto@elaleph.com
http://www.elaleph.com

Primera edición

ISBN 978-987-1070-60-2

Hecho el depósito que marca la Ley 11.723

Impreso en el mes de diciembre de 2007 en
Bibliográfika, Elcano 4048,
Buenos Aires, Argentina.

Natalio Morote Serrano

LA ESCRITURA DEL SIGILO

La comunicación
en el pensamiento de Jacques Derrida

elaleph.com

A mis padres,
Natalio y Adela

*Reconozco asimismo mi deuda infinita con
las dos personas que han hecho posible este ensayo:
con Ana, pues me encontré al encontrarla;
con Luis Sáez, profesor y amigo,
quien, ya en mi cuarto año de carrera,
me dio mi primera clase de filosofía.*

"Porque del mismo modo que la interioridad,
que es inconmensurable con lo externo,
se manifiesta por medio de la voz, así también
el oído es el órgano para captar esa misma interioridad.
Sí, la *audición* es el sentido por medio del cual nos la apropiamos."
Sören Kierkegaard, *Prólogo de* "La alternativa".

"Hay que encontrar una palabra que guarde el silencio.
Necesidad de lo imposible..."
Jacques Derrida, *La escritura y la diferencia*.

"...la palabra guarda *indefinidamente* el silencio."
Jacques Derrida, *La escritura y la diferencia*.

ÍNDICE

PRÓLOGO — 11

1. DERRIDA Y LA CUESTIÓN DE LA ESTRATEGIA — 19

2. EL "ESPACIAMIENTO" DE LA ARCHI-ESCRITURA.
Análisis de *La voz y el fenómeno* — 41
   2.1 La expresión y la señal: la exclusión de la comunicación — 41
   2.2 La idealidad y el signo: representación, repetibilidad e intersubjetividad — 50
   2.3 La temporalidad y la huella — 70
   2.4 La auto-afección en la voz ("oírse-hablar") y el "espaciamiento" de la archi-escritura — 87

3. DISEMINACIÓN E INDECIDIBILIDAD: EL SUPLEMENTO ORIGINARIO — 105
   3.1 La diseminación como interpretación activa — 105
   3.2. Los "indecidibles" — 121
      3.2.1 La lógica del suplemento — 126

4. "ITERABILIDAD" Y CONTEXTO: LA COMUNICACIÓN EN EL ESPACIO DE LA "ESCRITURA" — 135
   4.1 De la escritura como medio de comunicación a la comunicación como modo de "escritura" — 136
   4.2 La problemática del performativo — 148

5. SELLO, SECRETO, SILENCIO: EL ARCHI-SIGILO — 159

6. BIBLIOGRAFÍA UTILIZADA — 169

PRÓLOGO

La pretensión más básica o general de este texto es la reconstrucción del contexto teórico (lo cual no indica que el contexto práctico carezca de interés o importancia) que rodea y determina la conferencia "Firma, Acontecimiento, Contexto" (*"Signature, Événement, Contexte"*[1], en adelante *Sec*), pronunciada por Jacques Derrida en agosto de 1971 en un congreso cuyo tema era "La comunicación". Si bien, por la misma "tesis" de *Sec*, un contexto nunca es absolutamente determinable, sí parece iluminador (¡e incluso ético!, al decir de Derrida) un recorrido por algunos de los "textos preparatorios" de dicha conferencia. *Sec* es seguramente el artículo derridiano que más ríos de tinta ha hecho correr en virtud de su amplia recepción en el ámbito de la filosofía de habla inglesa. Sin embargo, parece ser un texto que, tras muchos años, sigue sin haberse leído[2]. Al respecto es destacable "la egregia malinterpretación de John Searle"[3], que ha influido decisivamente en

---

[1] Dicho texto aparece publicado en Derrida, J., *Marges. De la philosophie*, Minuit, Paris, 1972, págs. 365-393. También en Derrida, J., *Limited Inc*, Galilée, Paris, 1990, págs 17-51. Hay traducción española en Derrida, J., *Márgenes de la filosofía*, Cátedra, Madrid, 1994, págs. 349-372, pero es absolutamente desaconsejable.

[2] Sobre esta particularidad no sería ocioso preguntarse: ¿*cómo es posible*, dónde radica la posibilidad de que un texto, precisamente cuanto más se extiende, cuanta más "literatura secundaria" genera, más pueda ser *malinterpretado*? Éste será también el tema de *Sec*.

[3] Culler, J., *Sobre la deconstrucción*, Cátedra, Madrid, 1998, pág. 101.

gran parte de la crítica, sobre todo de corte anglosajón (también en Europa), de la obra de Derrida. Y ello no tanto quizás por sus argumentos (que realmente "objetan" tesis inexistentes) como por su tono furioso y despectivo. Lamentablemente, hoy día no es infrecuente, en las escasas ocasiones en que "Derrida" aparece en un debate filosófico, o incluso sin que su nombre sea invocado, escuchar expresiones como "Eso es derridadaísmo" o "Eso es una derridada". Por ello, aspiramos a que este trabajo aporte su grano de arena ayudando, en general, a una mayor comprensión de la filosofía derridiana y, en particular, a una lectura más fructífera (al menos en los aspectos que acentuamos) de un texto que, en todo caso, constituye una buena "puerta de acceso" al pensamiento del profesor de origen argelino.

No obstante, a partir de esta base y con una mayor profundidad investigadora, se trata en este ensayo de explicitar en la medida de lo posible (esto es, sin falsas facilidades) cómo debería entenderse la comunicación a la luz de la filosofía derridiana. Dicho tema revela su importancia si tenemos en cuenta que desde mediados del siglo XX existe una notoria convergencia entre los diversos planteamientos filosóficos en torno a la tesis según la cual, la estructura de aquello que llamamos "racional" o "verdadero" es de carácter comunicativo. Así, por ejemplo, la hermenéutica de H.-G. Gadamer, fundada sobre principios fenomenológicos que surgen a comienzos de siglo bajo una forma "monológica" (Husserl), ha pretendido aclarar el sentido de la historia y de la comprensión humana del mundo como una forma de "diálogo interpretativo". La intersubjetividad es también el concepto fundamental sobre el cual se erige la autoproclamada nueva Ilustración (Habermas, Apel), una corriente que intenta reconstruir el concepto de *Logos* desde el de "diálogo argumentativo". Asimismo, el giro lingüístico en el que se amparan ambas tendencias ha generado, por su lado, líneas de pensamiento que subrayan la dimensión pragmático-comunicativa como clave de la lingüísticidad y, por tanto, del pensamiento. En esa dirección discurren las concepciones arraigadas en el "segundo Wittgenstein" y en la teoría de los "actos de habla". Por todo ello, creemos que situar la comunicación dentro del espacio del "pensamiento de la huella" derridiano puede ser una tarea inicial muy fructífera a la hora de establecer un debate entre, por un lado, aquellas concepciones de la comunicación que, adelantamos, tienen en la *homogeneidad* su axioma y/o su ideal (en ocasiones inconfeso) y, por otro lado, un pensamiento de la "escritura" que obedece, por así decir, a un "principio de discontinuidad". Podría ser éste, quizás, un paso adelante en el establecimiento de lo que Derrida propone llamar un espacio "pragramatológico", esto es, "el espacio de un análisis indispensable "en la juntura de una pragmática y de una gramatología" (...). Una pragramatología (por venir) articularía de forma más fecunda y más rigurosa los dos discursos"[4]. No se pretende aquí afirmar que el recorrido de este ensayo sea el único posible con respecto al tema de *la* comunicación derridiana. Por el contrario, el autor se contentaría con haber desenredado un poco el hilo que une a éste con muchos otros temas (el don, la herencia, la máquina, etc.), de modo que alguien se animase a reescribir otro trayecto con mayor fortuna.

Consiguientemente, en virtud de estas dos directrices, este ensayo se divide en cinco partes:

Los capítulos 1 y 3 tratan de manera más general el pensamiento de Derrida a fin de establecer la problemática de la que surge y la razón de los rasgos tan característicos que adquiere. Intentamos, pues, explicar las circunstancias del recurso a la *estrategia* o al *gesto doble* (capítulo 1), así como los motivos y argumentos que llevan a Derrida a interpretar los textos del modo como lo hace (capítulo 3).

Por su parte, los capítulos 2 y 4 se centran más en la problemática de la escritura con relación a la comunicación y al lugar que ocupa ésta en aquella. Nuestra hipótesis de trabajo es

---

[4] Derrida, J., "Vers une éthique de la discussion" en ídem, *Limited Inc.*, pág. 274, nota 1.

que dos de los "rasgos" más relevantes (o al menos más reveladores) de la "escritura" son los que Derrida denomina "espaciamiento" e "iterabilidad", por lo que cada uno de los capítulos se ocupa respectivamente de ellos. Respecto al capítulo 2, hay que apuntar que analiza ampliamente el libro de Derrida *La voz y el fenómeno*, lo cual requiere una justificación suplementaria, pues el "espaciamiento", tema muy importante en dicho libro (si bien entrelazado íntimamente con muchos otros, como el problema de la *repetición*), es tratado también en otros textos de la época respecto a otras temáticas distintas. El privilegio que le otorgamos a este interesantísimo estudio[5] viene provocado, además de porque en él se trata de la desconexión husserliana de la función comunicativa del lenguaje, porque ahí se lleva a cabo una *deconstrucción del sujeto fenomenológico* por un pensamiento de la *huella*. Ello se revelará como un gran apoyo a la comprensión de lo que pretende Derrida cuando en la teoría de los *speech acts* se recurra a la intención subjetiva a la hora de determinar el significado y de "saturar" un contexto.

Al final, el capítulo 5 intentará, sintetizando lo visto hasta el momento, justificar nuestra propuesta sobre la posibilidad de usar el término *"archi-sigilo"* para aludir a las condiciones en las que transcurre la comunicación y, en general, para designar a la ley misma del lenguaje como secreto y como silencioso diferir del sello.

En otro orden de cosas, hemos también de advertir sobre la traducción de determinados términos. Uno de ellos es *"déconstruction"*, respecto al cual no hay en absoluto acuerdo entre los traductores o comentaristas sobre si verterlo como "de-

---

[5] De hecho, una de las voces más autorizadas del pensamiento de Derrida en España afirma: "Para muchos (entre ellos, el firmante), *La voz y el fenómeno. Introducción al problema del signo en la fenomenología de Husserl* (1967), sigue siendo el modelo más logrado de una lectura gramatológica" (Peñalver, P., "Ontologías en desconstrucción" en Rodríguez, R. (ed.), *Métodos del pensamiento ontológico*, Síntesis, Madrid, 2002, pág. 293).

construcción" o "desconstrucción". Nosotros hemos optado por utilizar la palabra "deconstrucción" tal y como viene reflejada en el Diccionario de la Lengua de la RAE, si bien hemos respetado a la hora de citar otros textos castellanos la decisión del traductor o del autor.

Otro término es *"entamer"* que, seguramente de uso más regular en francés, se traduce por "encentar", así como *"entame"* por "encentadura". De "encentar" dice el Diccionario de la Lengua de la RAE: **encentar.** (De *encetar*, con epéntesis de la segunda *n* por influjo de *comenzar*). tr. Comenzar, empezar. || **2.** Ulcerar, llagar, herir. U. t. c. prnl. || **3.** Disminuir, mordisquear, cortar".

El término *"restance"* ofrece algunos problemas añadidos. Dicho término podría traducirse por "permanencia" si no fuese porque se utiliza precisamente para evitar dicha palabra, asociada históricamente a "sustancia", "esencia", *hypokeimenon*, etcétera. También es problemática la palabra relacionada, de la cual se deriva aquella, *"rester"*. La traducción más "natural" podría parecer verterla en "restar", pero dicha palabra española, si bien señala que se trata de un "residuo", apenas recuerda el sentido primordial que tiene en francés: "quedar, quedarse". Por otra parte, si traducimos *"rester"* por "quedar" nos enfrentamos a la dificultad de tener que traducir *"reste"* por algo así como "lo que queda" y *"restance"* por "quedancia". Además, se perdería la sutil referencia de *"restance"* a *"resistance"* (resistencia). En vista de todo esto, hemos desistido de hacer una traducción unitaria, utilizando en la mayoría de los casos el neologismo "restancia" para verter el también neologismo *"restance"*, "resto" para *"reste"* y, en general, "quedar" para *"rester"*. De todos modos en caso de excepción lo señalaremos convenientemente (mediante cursivas o notas a pie de página).

Ahora bien, sin duda la palabra más controvertida a la hora de traducir es la ya famosa *"différance"*. Dicha expresión está construida a partir del participio presente del verbo francés *"différer"*: *"différant"*. Con ello se pretende:

1) Dar cuenta de que algo *es* diferente de algo *(être différent)*. Éste sería su sentido "pasivo", "estático", "espacial".

2) Dar cuenta de que algo *está* difiriendo (*produciendo* diferencia: en el sentido de separar, discriminar algo de algo, así como en el de *pólemos*). También en el sentido de "dejar para más tarde", "postergar", "retrasar". En este sentido "activo", "dinámico", "temporal", podríamos decir que algo *es* difiriente *(être différant)*.

3) Llamar la atención sobre la escritura. En francés, no hay diferencia fónica entre *"différence"* y *"différance"*. Sólo en un texto escrito podemos distinguir una de otra.

El objetivo en la traducción es tomar en consideración estas tres "condiciones" y, si no respetarlas completamente, sí al menos violentarlas lo menos posible. Además, no sólo hay que dar cuenta de la palabra *différance* sino de las palabras conexas. Ya se han propuesto algunas alternativas, por ejemplo:

a) "Diferancia". Su problema es que no da cuenta del "movimiento" del diferir (condición 2) ni tampoco respeta el juego fónico francés (condición 3);

b) "Diferenzia". Si bien solventa espléndidamente la condición 3, su problema es que no da cuenta de la "dinamicidad" del gerundio de "diferir" (condición 2);

c) "Diferencia". Su problema es, igualmente, que no tiene en cuenta la raíz del verbo diferir (condición 2);

d) "Difiriencia". Esta solución es parecida a la nuestra y su problema reside en la condición 3. Además da más problemas a la hora de construir términos con la misma raíz, como por ejemplo "difiriencial" a la hora de traducir *"différantiel"*;

e) *"Différance"*. Su problema es, obviamente, que tira la toalla al no traducir la palabra. Simplemente la deja en francés como término técnico.

Así pues, nuestra propuesta es traducir *"différance"* por "dif*e*r*i*encia". En castellano "diferir" se conjuga como "sentir" o "disentir" (infinitivo: diferir; gerundio: difiriendo (difiriente); participio: diferido). Si derivamos, como hace Derrida, la palabra *différance* partiendo del participio presente (gerundio) del verbo castellano "diferir", tendríamos "difiriencia", lo que viola "demasiado" la condición 3. Por ello, proponemos derivar la traducción no de la raíz del gerundio, sino de la del infinitivo, de modo que resulte "diferiencia". El cambio no debe afectar sustancialmente al sentido pues, si la utilización del participio presente lo que pretendía era dotar de cierto significado "activo" (de acción "en curso") a la "diferencia"[6], sin duda que es en infinitivo cuando un verbo expresa con más plenitud su "actividad". Claro que, de este modo, no se cumple completamente la condición 3 pero: por un lado, se cumplen claramente las condiciones 1 y 2 y, por otro lado, la diferencia entre el sonido [*e*] y el sonido [*ie*] en "diferiencia" es *muy* pequeña. Además, también en el caso de *"différantial"* podemos traducir por "diferiencial".

En fin, la elección ha de fundarse en lo que consideremos más importante o lo que requiera el texto en cuestión: reflejar el sentido de "diferir" o mantener la indiscernibilidad fonética. Que nosotros optemos por la primera opción en este texto, también a la hora de citar otros textos ya traducidos al castellano, así como que recomendemos su utilización en general, no implica que en algún otro contexto no debamos optar por la segunda. Si algo enseña Derrida es que nunca hay alternativa *simple*.

---

[6] Matiz "activo" que viene complementado con otro matiz "pasivo", o mejor, con cierta indecidibilidad entre pasividad y actividad, mediante la terminación "-encia" (*"-ance"* en francés). Así, por ejemplo, "residencia" o "resistencia" son acción y efecto de residir y resistir, respectivamente. Ver al respecto Derrida, J., "La différance" en ídem, *Marges*, págs. 8-9 (trad. esp. Derrida, J., "La Différance" en ídem, *Márgenes de la filosofía*, pág. 44). En lo sucesivo citaremos este libro por el original francés señalando como convenga las páginas correspondientes a la edición castellana.

1. DERRIDA Y LA CUESTIÓN DE LA ESTRATEGIA

En su ensayo más estimado, *La voz y el fenómeno*, Derrida pretende analizar, en una línea epistemológica más cercana, por ejemplo, a Ricoeur que a Merleau-Ponty, la fenomenología husserliana en tanto teoría de la significación o del sentido. Para ello se ciñe casi exclusivamente a la obra inaugural de la fenomenología, las *Investigaciones lógicas*[7] pues, a su juicio, se encuentra aquí la estructura germinal de todo el pensamiento husserliano. Más aún, ya en la primera de las *Investigaciones*, en las "distinciones esenciales" (capítulo primero de dicha *Investigación*) que allí se llevan a cabo, puede vislumbrarse el gesto que determinará y dirigirá todos los análisis posteriores. Y es que una de las características del pensamiento derridiano es estudiar y juzgar una teoría a partir del momento en que, en el acto mismo de constituirse como tal, distingue y define su objeto de estudio, delimita su adentro. Este *acto de constitución* es siempre el levantamiento de una frontera entre un interior y un exterior, el establecimiento de un adentro *y* (porque, en tanto que se establece) un afuera, de una interioridad "originaria" *respecto a* una exterioridad "derivada". Sin embargo, esto sólo puede hacerse rigurosamente desde algún *principio* rector o "*centro*" organizador que normalmente pertenece a una axiomática impensada, no crítica, dogmática. La admisión de dicho principio obedece a una *decisión* que no se ejerce ni se percibe

---

[7] Husserl, E., *Investigaciones lógicas*, 2 Vols., Alianza, Madrid, 1999.

como tal (esto es, consciente, voluntaria), sino que se asume y *se recibe* como *lo evidente* mismo. Pero es en ese mismo punto donde Derrida va a intentar mostrar "los límites y las presuposiciones de lo que parece estar sobreentendido y que conserva para nosotros los caracteres y la validez de la evidencia"[8]. No en vano Levinas se permite preguntarse, quizás excesivamente (pero no seré yo quien lo escriba), si acaso *La voz y el fenómeno* "no corta con una línea de demarcación, tal como hiciera el kantismo, la filosofía tradicional, si acaso no nos hallamos nuevamente al término de una ingenuidad, despertados de un dogmatismo que dormitaba en el fondo de lo que tomábamos por espíritu crítico"[9].

En el caso de la fenomenología, esta certeza o "presupuesto metafísico" (y por lo así referido no entiende Derrida nada peyorativo[10] ni desdeñable *por sí mismo*, sino aquello que da a toda teoría su fecundidad, así como su *límite*) se revela en lo que llama Husserl "el principio de todos los principios"[11]: la

---

[8] Derrida, J., *De la gramatología*, Siglo XXI, México, 2000, pág. 51.
[9] Levinas, E., "El pensamiento del ser y la cuestión de lo otro" en ídem, *De Dios que viene a la idea*, Caparrós, Madrid, 2001, págs. 157-58.
[10] "La deconstrucción, al menos en uno de sus pasos, se propone demostrar que ese rechazo de lo "metafísico" (el "desvelamiento" de lo metafísico) es una actitud propiamente metafísica, por no decir el acto inaugural de toda metafísica" (Asensi, M., "Crítica límite / El límite de la crítica" en Asensi, M. (comp.), *Teoría literaria y deconstrucción*, Arco / Libros, Madrid, 1990, pág. 31). Esto lo deberían tener en cuenta tanto la legión de los presuntos "superadores de la metafísica" como los que apresuradamente le atribuyen a Derrida protagonizar la enésima tentativa de dicha superación.
[11] "No hay teoría concebible capaz de errar en punto al *principio de todos los principios*: que *toda intuición en que se da algo originariamente es un fundamento de derecho del conocimiento*; que *todo lo que se nos brinda originariamente* (por decirlo así, en su realidad corpórea) *en la "intuición", hay que tomarlo simplemente como se da*. Toda proposición que no hace más que dar expresión a semejantes datos, limitándose a explicitarlos por medio de significaciones fielmente ajustadas a ellos, es también

evidencia dadora originaria, el *presente* o la *presencia* del sentido a una intuición plena. Precisamente procurando evitar la metafísica "ingenua" o "especulativa", Husserl se había prescrito *describir*, atenerse "a las cosas mismas", a lo que *se da* tal y *como* se da a la conciencia[12], cuya característica esencial es la intencionalidad. Ésta no sólo mienta de modo naturalista un rasgo psicológico[13] (que puede quedar recogido en la vaga fórmula "toda conciencia es conciencia *de* algo"), sino que hemos de entender la intencionalidad, en su significación más profunda,

---

realmente, como hemos dicho en las palabras iniciales de este capítulo, un *comienzo absoluto*, llamado a servir de fundamento en el genuino sentido del término, es realmente un *principium*" (Husserl, E., *Ideas relativas a una fenomenología pura y una filosofía fenomenológica, I*, Fondo de Cultura Económica, Madrid, 1985, § 24, pág. 58). Ya en las *Investigaciones* (I, 4, § 31, pág. 287) Husserl se refiere a la evidencia como "la suprema autoridad en todas las cuestiones del conocimiento".

[12] En este sentido escribe Husserl que "el modo de justificación puramente intuitivo, concreto y además apodíctico de la fenomenología excluye toda *aventura metafísica*, todos los excesos especulativos" (Husserl, E., *Meditaciones cartesianas*, Tecnos, Madrid, 1986, § 60, pág. 181), si bien reconoce unas líneas más arriba que sus resultados "son metafísicos, si es verdad que han de llamarse metafísicos los conocimientos últimos del ser", por lo que finalmente concluye que la fenomenología "excluye sólo toda metafísica ingenua [...], pero *no excluye la metafísica como tal*" (§ 64, págs. 202-03).

[13] Ver Ricoeur, P., "Fenomenología y hermenéutica: desde Husserl..." en ídem, *Del texto a la acción*, FCE, Buenos Aires, 2001, págs. 42-43. Ricoeur sintetiza aquí, a nuestro juicio de modo ejemplar y claro, la problemática (paralelismo y diferencia) entre la psicología y la fenomenología, mostrando cómo, debido a la reducción fenomenológica, su diferencia no se da tanto en su modo de describir como en el "valor ontológico, en la "validez en cuanto al ser"" de sus descripciones. De hecho, Derrida llama "*nada*" a la *distancia* que separa una psicología fenomenológica de una fenomenología trascendental (por ejemplo, en Derrida, J., ""Génesis y estructura" y la fenomenología" en ídem, *La escritura y la diferencia*, Anthropos, Barcelona, 1989, págs. 226-27).

como "donación de sentido", lo que significa, en palabras de Levinas, que "el ser dictamina sus maneras de *darse*, que el ser ordena las formas del saber que lo aprehende, que una necesidad vincula al ser con sus maneras de aparecer a la conciencia"[14]. Ahora bien, a pesar de distinguir entre varios tipos de intencionalidad, aquella que toma preeminencia en la fenomenología husserliana es la intencionalidad que interviene en los actos de tipo *cogito*, esto es, la intencionalidad actual y temática en la que la conciencia es presente a sí misma *in actu*, y en la que la realidad se le presenta clara y distintamente como sentido. Cualquier núcleo de opacidad (por ejemplo, en la intencionalidad "virtual" o de "horizonte") se mide por el *télos* de la diafanidad de la presencia a la que (finalmente) *debe* reducirse. Todo el ámbito de la fenomenalidad está pues fundado en un núcleo de autopresencia. El sentido intencional o *noema* (que no es ni una cosa "real" determinada –cuyo aparecer constituye precisamente el noema– ni un estado psicológico subjetivo –puesto que se da como "objeto"–) es, todo él, ser *para* la conciencia (si bien es un componente no-real *de* la conciencia)[15]. Pero, como afirma certeramente Patricio Peñalver, "la conciencia está determinada en la fenomenología como un ser que tiene que asimilar a la forma de su relación consigo misma (la forma de la presencia, de la intuitividad, de la claridad) la forma de su relación con lo otro que ella. En esta dirección es, como diría Levinas, una reducción de la alteridad a la mismidad"[16]. Así pues, esta aspiración o anhelo de presencia no puede ser discutido por la propia fenomenología ya que es el presupuesto, el axioma último sobre el que se constituye y desarrolla. Y más allá de la fenomenología, el privilegio del ahora-presente y de la presencia no sólo ha perdurado a lo

---

[14] Levinas, E., "Hermenéutica y más allá" en ídem, *De Dios que viene a la idea*, pág. 139.
[15] Ver *Infra,* notas 66 y 81.
[16] Peñalver, P., *Crítica de la teoría fenomenológica del sentido*, Universidad de Granada, Granada, 1979, pág. 84.

largo de la historia incuestionado *de hecho* por la filosofía, sino que permanece *de derecho*, como una "necesidad eidética"[17], incuestionable por ella, ya que es el suelo nutricio, el elemento mismo del pensamiento filosófico. Por ello, la fenomenología, precisamente en virtud de su vigilancia crítica, se convierte en la metafísica más refinada, de modo que en el movimiento mismo de "criticar la metafísica clásica, la fenomenología culmina el proyecto más profundo de la metafísica"[18]. La filosofía es metafísica de parte a parte y, como ya mostrase Heidegger, metafísica no mienta otra cosa que "metafísica de la presencia". Para Derrida, ésta ha vigilado y protegido constantemente la pureza del interior, de la idealidad, de lo propio, en fin, de la presencia en sí (metafísica clásica) y para sí (metafísica moderna), expulsando a las tinieblas de la alteridad, de lo exterior, de la mundanidad, de lo derivado, de lo empírico, todo aquello que amenazaba con corromper la identidad a sí de la esencia.

Sin embargo, la *puesta en cuestión* del *logos* filosófico, de la metafísica, de la presencia, no puede identificarse con una mera afirmación de "lo exterior", con una "superación" o un pasar "más allá" que apele a algo *absolutamente Otro*, desarro-

---

[17] Esta expresión la utiliza Descombes (Descombes, V., *Lo mismo y lo otro*, Cátedra, Madrid, pág. 195) en su breve reconstrucción del pensamiento derridiano bajo el supuesto de la fuerte influencia de la fenomenología husserliana en dicho pensamiento. Por nuestra parte, sin querer hacer de Derrida un fenomenólogo, coincidimos ampliamente con su hipótesis que creemos muy clarificadora a la hora entender las intrincadas argumentaciones de Derrida, quien reconoce que "la fenomenología siempre es el recurso de la deconstrucción, ya que permite deshacer las sedimentaciones especulativas y teóricas, las presuposiciones filosóficas. En cierto modo, en nombre de una descripción más exigente es como siempre se puede poner en cuestión esta o aquella tesis filosófica vinculada con la fenomenología" (Derrida, J., "Sobre la fenomenología" en ídem, *¡Palabra!*, Trotta, Madrid, 2001, págs. 60-1).
[18] Derrida, J., ""Génesis y estructura" y la fenomenología", *loc. cit.*, pág. 230.

llando un paradójico discurso sobre lo inefable o quizás una especie de *meta*-metafísica que, en una singular operación dialéctica, aspire a situarnos en el "más acá" (sea lo que sea lo que quiera esto decir). Derrida es muy consciente, desde sus primeros escritos, de que todo intento ingenuo de "emancipación" de la metafísica (mediante una *decisión* apresurada y *simple*) ha terminado siempre confirmando y encadenándose, de algún modo, por alguno de sus rostros, a aquello de lo que pretendía liberarse. Y es que la filosofía, en tanto ámbito que se arroga el monopolio del decir con sentido (incluso cuando se trata de decir *su* contrario), ha previsto ya desde siempre cualquier atisbo o intento de insurrección, de *in*-surgencia. "Al haber proferido el *epékeina tes ousías*, al haber reconocido desde su segunda palabra (por ejemplo, en *El sofista*) que la alteridad debía circular en el origen del sentido, al acoger la alteridad en el corazón del logos, el pensamiento griego del ser se ha protegido siempre contra toda convocación absolutamente *sorprendente*"[19]. Esta permanente puesta en guardia del texto filosófico respecto a lo que pretende excederlo, le permite hablar a Derrida de una resistencia específica del discurso filosófico a la deconstrucción. Dicha resistencia es "el dominio infinito que parece asegurarle la instancia del ser (y de lo) propio; ello le permite interiorizar todo límite como *siendo* [*comme* étant: "como *ente*", "como *algo que es*". N. M.] y como siendo el suyo *propio*"[20]. El poder de *apropiación* de la filosofía se cristaliza en dos tipos que no se dan nunca "puros" pero que se comunican en una relación económica de más o de menos. El primer tipo es la *jerarquía*, que subordina a una ontología general (y ésta a una ontología fundamental) a las ontologías regionales y a las ciencias, y que sería el gesto que aparece en las filosofías de Aristóteles, Descartes, Kant, Husserl o Heidegger. El segundo

---

[19] Derrida, J., "Violencia y metafísica" en ídem, *La escritura y la diferencia*, pág. 209.
[20] Derrida, J., "Tympan" en ídem, *Marges*, pág. XIV (trad. esp. pág. 26).

tipo es el *envolvimiento*, que postula un espacio homogéneo en el que las partes implican el todo, y que vendría encarnada en las filosofías llevadas a cabo, por ejemplo, por Spinoza o Hegel. Por tanto, en vista de la potencia del *logos* filosófico y, en general, de lo que Derrida denomina el *logocentrismo*, el paso más allá de la filosofía no podría consistir en ignorar simplemente a la filosofía, esto es, en pasar la página de la filosofía propugnando lo que, tan cándida como irresponsablemente, se denomina la "muerte de la filosofía" (en favor, por ejemplo, de las ciencias empíricas o de un discurso "positivo"): ello no conduciría, en la mayoría de los casos, sino a filosofar mal.

Como todos los discursos interesantes e innovadores en la historia del pensamiento, el derridiano se ve conminado a *transitar* entre su Escila (que representaría la alteridad, la infinitud, lo heterogéneo, la apertura, lo exterior) y su Caribdis (que simbolizaría la identidad, la totalidad, lo homogéneo, la clausura, lo interior). O mejor dicho, y del modo más arriesgado, su discurso se ve exhortado a deslizarse *entre* Escila y *entre* Caribdis, *a través* de ambas, *por* Escila y *por* Caribdis, *a la vez*, sin posibilidad de dejarlas atrás[21] so pena de perecer atrapado en una de ellas[22]. Por un lado, ha de *exceder* el texto de la filosofía o, dicho en un lenguaje levinasiano, hacer justicia a la alteridad, a la infinitud *de l*o Otro frente a la totalización de lo Mismo.

---

[21] Coincidimos plenamente con el juicio de José Bernal, quien cifra el desafío de la deconstrucción en "desistir de la seguridad, sin que, sin embargo, se produzca en ello abdicación del pensamiento. Esta última posibilidad, tremendamente frágil y apenas concebible, que se vislumbra *en* el paso por la filosofía y no deteniéndose antes ni pasando de largo de ella, es donde Derrida halla la quiebra de la filosofía que resulta imprescindible para que pueda acontecer lo heterogéneo a la filosofía" (Bernal Pastor, J., *El desplazamiento de la filosofía de Jacques Derrida*, Universidad de Granada, Granada, 2001, pág. 120).

[22] Esta imagen es ciertamente limitada pues, por lo ya dicho, "Caribdis" encarnaría un poder mucho mayor que "Escila", y ante el que es más fácil sucumbir.

Pero un discurso *puro* sobre el afuera (metáfora espacial coesencial a la filosofía) no puede ser sino, por lo que apuntábamos más arriba, un *sueño* que se desvanece *con el día* (metáfora heliológica o fotológica asimismo fundadora de la filosofía) y con la *luz* del logos, del lenguaje. "No hay palabras sin un pensar y decir *del* ser. (...). [Éste es] contemporáneo del Logos, que a su vez no puede ser más que como Logos *del* ser, *que dice* el ser"[23]. No podemos decir una palabra sin que, ineluctablemente, nuestro discurso se deslice hacia el lenguaje de la totalidad, es decir, sin que *muestre* un sentido. Por su capacidad envolvente, el logocentrismo capta y trae hacia sí hasta las figuras de su "más allá" en el mero hecho de ser enunciadas. Lo Otro, incluso en su inadecuación respecto de lo Mismo, no puede *aparecer* y tomar sentido sino en éste; lo Otro no puede ser lo otro sino *de* lo Mismo: ante lo *absolutamente* Otro estamos abocados al sin-sentido o al completo silencio. A juicio de Derrida hay entonces que asumir *consciente*[24] y consecuentemente esta situación: "Que haya que decir *en* el lenguaje de la totalidad el *exceso* de lo infinito sobre la totalidad (...), que haya que habitar todavía la metáfora en ruina, vestirse con los jirones de la tradición y los harapos del diablo: todo esto significa, quizás, que no hay logos filosófico que no deba *en primer término* dejarse expatriar en la estructura Dentro-Fuera"[25]. Así pues, por otro lado, ante este dilema no cabe sino plantearse seria y detenidamente el problema del *estatuto del discurso*, de cómo se puede rebasar o

---

[23] Derrida, J., "Violencia y metafísica", *loc. cit.*, pág. 194.

[24] "(...) es por estar, sin saberlo y sin verlo, *dentro de* la evidencia hegeliana, por lo que muchas veces cree uno que se ha desprendido de ella. Ignorado, tratado a la ligera, el hegelianismo no haría así otra cosa que extender su dominación histórica, desplegando finalmente sin obstáculo sus inmensos recursos de envolvimiento. La evidencia hegeliana parece más ligera que nunca en el momento en que finalmente pesa con todo su peso" (Derrida, J., "De la economía restringida a la economía general" en ídem, *La escritura y la diferencia*, pág. 344).

[25] Derrida, J., "Violencia y metafísica", *loc. cit.*, pág. 151.

resistir al discurso filosófico y su lenguaje *desde dentro, a través de ellos* y, sin embargo, no quedar atrapado en el tránsito. Cualquier *oposición* directa parece estar condenada al fracaso, por lo que la respuesta a esta dificultad solamente parece factible mediante el ejercicio de cierto *estilo indirecto*[26]. De hecho, la resistencia sólo será posible recurriendo a una *economía*, configurando una *estrategia* que actúe de modo *oblicuo*: "Si la forma de oposición, la estructura oposicional, es metafísica, la relación de la metafísica a su otro no puede ser ya de oposición"[27].

La "confección" de la estrategia es crucial para la deconstrucción, pues "si no se elabora una estrategia general, teórica y sistemática, de la deconstrucción filosófica, las irrupciones textuales corren el riesgo siempre de recaer, durante su transcurso, en el exceso o el ensayo empirista, y, a veces simultáneamente, en la clasicidad metafísica"[28]. Si no podemos (ni

---

[26] No obstante hay que resaltar, a fin de evitar malentendidos, que ello no conduce a Derrida a rehuir la acción o la confrontación directa en una inacabable duda hamletiana. Por el contrario, y lejos de toda ingenuidad, Derrida afirma que "las críticas frontales y simples son necesarias siempre, son la ley de rigor en la urgencia moral o política, incluso si cabe discutir sobre la mejor formulación para este rigor. (...). Pero es verdad –y hay que poner estas dos lógicas en relación– que las críticas frontales dejan siempre que se les dé la vuelta y se las reapropie en filosofía. (...). Es lo que hay de más terrorífico en la razón. Pensar la necesidad de la filosofía sería, quizás, volverse hacia lugares inaccesibles a ese programa de reapropiación" (Derrida, J., "Jacques Derrida. Entrevista con Christian Descamps" en ídem, J. *El tiempo de una tesis*, Proyecto A, Barcelona, 1997, pág. 104).
[27] Derrida, J., *Espolones*, Pre-Textos, Valencia, 1997, pág. 77.
[28] Derrida, J., "Posiciones" en ídem, *Posiciones*, Pre-Textos, Valencia, 1977, pág. 90. Esta potente exigencia de "sistematicidad" por parte de la deconstrucción *derridiana* parece incomodarle a filósofos como Richard Rorty, quien ante la afirmación de Jonathan Culler de que "la práctica de la deconstrucción pretende ser tanto un argumento riguroso dentro de la filosofía como un cambio de las categorías filosóficas o de los intentos filosóficos de dominio" (Culler, J., *op.*

debemos) liberarnos (totalmente) del lenguaje de la filosofía (so pena de que nuestro discurso se pierda en la ininteligibilidad), ante la *necesidad* de instalarse en la conceptualidad tradicional solamente nos queda la posibilidad de ser unos pésimos "inquilinos"[29], *aparentando*, no obstante, seguir las normas del "casero". Derrida, utilizando una metáfora seguramente mucho más afortunada, escribe: "Hay que matar al padre griego que nos mantiene todavía bajo su ley (...). Pero lo que un Griego [Platón. N. M.], en este caso, no pudo hacer, un no-Griego, ¿podrá conseguirlo de otro modo que disfrazándose de griego, *hablando* griego, fingiendo hablar griego para acercarse al rey?"[30]. Se trata, pues, paradójicamente, de conservar y usar los antiguos conceptos, de "citarlos"(¿no es acaso la citabilidad la posibilidad del discurso indirecto?[31]), de hablar con sus palabras, las del *logos* filosófico, tan perfectamente que éste *crea*

---

cit., pág. 79), sugiere "la necesidad de descartar lo de "argumentación rigurosa"" (Rorty, R., "¿Es Derrida un filósofo trascendental?" en ídem, *Ensayos sobre Heidegger y otros pensadores contemporáneos*, Paidós, Barcelona, 1993, pág. 169). Sin embargo, y en vista de las numerosas advertencias de Derrida, nosotros opinamos que la argumentación y el rigor estratégico (por ejemplo, en la elección de contextos) son dos requisitos esenciales del pensamiento derridiano sin los cuales es imposible entender nada (algo que, por otra parte, se patentiza en las páginas que Rorty dedica a Derrida). No hay que exacerbar, no obstante, el requerimiento de sistematicidad y rigurosidad de la deconstrucción hasta el punto de enclaustrarla reduccionistamente, como se tiende en determinados ambientes anglosajones, en un "método" de lectura. Ver *Infra*, nota 242.

[29] "Los movimientos de desconstrucción no afectan a las estructuras desde afuera. Sólo son posibles y eficaces y pueden adecuar sus golpes habitando estas estructuras. Habitándolas de una *determinada manera*, puesto que se habita siempre y más aún cuando no se lo advierte" (Derrida, J., *De la gramatología*, pág. 32).

[30] Derrida, J., "Violencia y metafísica", *loc. cit.*, pág. 121.

[31] Sobre la citabilidad con relación a la iterabilidad constitutiva de toda marca, ver *Infra,* capítulo 4.

oírse y reconocerse en ellas, hasta el punto de que *comprenda* y admita en su interior dicho discurso como suyo *propio*, de modo que, cuando se quiera percatar, la simulación, la *representación*, se habrá introducido hasta el mismo corazón de la presencia, produciendo allí una fisura, una abertura, un exceso[32]. A este modo de operar utilizando los "viejos nombres"[33] lo denomina Derrida "lógica de la *paleonimia*". Ésta trata de "tejer", de llevar a cabo una articulación (evitando la elección simple por una de las alternativas) entre, por un lado, la instalación radical en un afuera de la filosofía y la afirmación de la diferencia absoluta (gesto, por ejemplo, de cierto Levinas) y, por otro lado, una deconstrucción de la tradición que pretenda remontarse a las cuestiones y conceptos "originarios" (tarea más propia de Heidegger). La deconstrucción derridiana toma de este modo como *problema* la cuestión del *margen*, pues su trabajo tampoco consiste en mantenerse *sobre la línea* (lo que implicaría que ésta *existiese*, que fuese decidible, situable) sino, *simultáneamente*, en operar más acá *y* más allá del límite, quedando éste tachado: ""Deconstruir" la filosofía sería así pensar en la genealogía estructurada de sus conceptos de la manera más fiel, más interior, pero al mismo tiempo desde un cierto

---

[32] "Tanto menos debemos renunciar a esos conceptos puesto que nos son indispensables para conmover hoy la herencia de la que forman parte. En el interior de la clausura, a través de un movimiento oblicuo y siempre peligroso, corriendo el permanente riesgo de volver a caer más acá de aquello que desconstruye, es preciso rodear los conceptos críticos con un discurso prudente y minucioso, marcar las condiciones, el medio y los límites de su eficacia, designar rigurosamente su pertenencia a la máquina que ellos permiten desconstituir; y simultáneamente la falla a través de la que se entrevé, aún innominable, el resplandor del más allá de la clausura" (Derrida, J., *De la gramatología*, pág. 20).

[33] El estatuto de estos "viejos nombres", que tras la operación deconstructiva se revelan "indecidibles", lo tratamos más abajo (ver *Infra*, parágrafo 3.2).

exterior incalificable por ella, innombrable, determinar lo que esta historia ha podido disimular o prohibir, haciéndose historia por esta represión interesada en alguna parte"[34].

Pero que la deconstrucción deba desarrollarse dentro y fuera *a la vez*, no implica que no podamos distinguir en ella, *de un modo analítico*, dos pasos fundamentales. El hecho de usar los "viejos nombres" de aquello por deconstruir se justifica por la necesidad de *intervenir* en los campos sobre los que se desarrolla la deconstrucción. En tanto ningún nombre o concepto es un "simple"[35] sino, en un sistema, un eslabón en una cadena textual, un término determinado-determinable cogido en una oposición (que a su vez remite a otras oposiciones), cualquier movimiento de dicho nombre se transmite por toda la estructura. Es por esto por lo que, con tanta frecuencia, los discursos "destructores", aun poniendo extremado cuidado en desgajar de la metafísica los conceptos que le toman prestados, han quedado atrapados en lo que pretendían superar[36]. Pero es precisamente esta "fuerza de arrastre" de los conceptos respecto a su sistema la que utiliza la deconstrucción en su beneficio, de modo que éstos proporcionan la "base de fricción" o el "punto de adherencia" necesario para que se produzcan los buscados *efectos* de sentido. La deconstrucción indaga entonces

---

[34] Derrida, J., "Implicaciones" en ídem, *Posiciones*, pág. 12.

[35] "(...) un nombre no nombra la simplicidad puntual de un concepto sino un sistema de predicados que definen un concepto, una estructura conceptual *centrada* sobre tal o cual predicado" (Derrida, J., "Posiciones", *loc. cit.*, pág. 93).

[36] "La salida "fuera de la filosofía" es mucho más difícil de pensar de lo que generalmente imaginan aquellos que creen haberla llevado a cabo desde hace tiempo con una elegante desenvoltura, y que en general están hundidos en la metafísica por todo el cuerpo del discurso que pretenden haber desprendido de ella" (Derrida, J., "La estructura, el signo y el juego en el discurso de las ciencias humanas" en ídem, *La escritura y la diferencia*, pág. 390).

en los textos[37] estas marcas de resistencia y realiza, como decíamos, un *gesto doble*: "una oposición de conceptos metafísicos (por ejemplo, habla/escritura, presencia/ausencia, etc.) no es nunca el enfrentamiento de dos términos, sino una jerarquía y el orden de una subordinación. La deconstrucción no puede limitarse o pasar inmediatamente a una neutralización: debe, por un doble gesto, una doble ciencia, una doble escritura, practicar una *inversión* de la oposición clásica *y* un *desplazamiento* general del sistema. Sólo con esta condición la deconstrucción se dará los medios *para intervenir* en el campo de las oposiciones que critica y que es también un campo de fuerzas no-discursivas"[38]. La inversión, que se ejerce todavía en la inmanencia del sistema, cuenta pues con éste, no le es indiferente, se *arriesga* a quedar "instalada" en él, y "negar ese riesgo sería ya confirmarlo"[39]. Este "contar con" el sistema es saber que no es un espacio neutro ya *dado*, sino que toda oposición, en tanto "constituida"[40], lleva consigo una *estimación*, es decir, el sometimiento de uno de los términos distinguidos al otro por "razones", o mejor, por fuerzas no exclusivamente discursivas, sino también históricas, éticas, políticas, etcétera. Es, por tanto, estar atento ante la circunstancia de que, como dice Nietzsche,

---

[37] Sobre cómo entiende Derrida la "interpretación" y el "texto" ver *Infra,* parágrafo 3.1.
[38] Derrida, J., "Signature, événement, contexte" en ídem, *Limited Inc.*, pág. 50; ídem, *Marges*, pág. 392 (trad. esp. 371).
[39] Derrida, J., "Fuera de libro (Prefacios)" en ídem, *La diseminación*, Fundamentos, Madrid, 1997, pág. 10.
[40] "Constituida", esto es, llevada a cabo, *efectuada* en un determinado contexto (por lo que siempre cabrá preguntarse: ¿por quién? ¿cómo? ¿por qué?). Éste será un tema clave para la deconstrucción en tanto ésta "analiza y cuestiona parejas de conceptos que se aceptan normalmente como evidentes y naturales, que parece como si no se hubieran institucionalizado en un momento preciso, como si careciesen de historia" (Derrida, J., "La metáfora arquitectónica" en ídem, *No escribo sin luz artificial*, Cuatro, Valladolid, 1999, pág. 136).

"detrás de toda lógica y de su aparente soberanía de movimientos se encuentran valoraciones"[41], las cuales debe patentizar y conmover la deconstrucción, invirtiendo la jerarquía que producen, y yendo para ello más allá del mero análisis lógico-estructural o semántico de lo que vulgarmente se denomina "texto"[42]. La neutralidad que pretende la filosofía para sus distinciones esconde, en el fondo, el dominio de uno de los opuestos (al que se le otorga el status de origen, de centro, de fundamento) sobre el otro (que aparece así como derivado o

---

[41] Nietzsche, F., *Más allá del bien y del mal*, Alianza, Madrid, 1997, § 3, pág. 25.

[42] Esto lo expresa meridianamente Patricio Peñalver cuando escribe que "lo desconstruido o por desconstruir no es sólo ni ante todo un orden conceptual, sino una cierta organización práctica socio-histórica: el texto de la desconstrucción debe configurarse también como un dispositivo capaz de *intervenir* en ese campo práctico que rodea, más bien determina, la "situación" de la teoría o de las "ideas"" (Peñalver, P., *Desconstrucción*, Montesinos, Barcelona, 1990, pág. 15). Otra destacada comentarista, Cristina de Peretti, afirma de un modo similar: "La deconstrucción *implica necesariamente una cierta articulación de lo teórico y lo práctico* (oposición que a su vez solicita) y, en este sentido, puede verse como cierta politización" (Peretti, C. de, *Jacques Derrida: texto y deconstrucción*, Anthropos, Barcelona, 1989, pág. 181). Por ello, no se explica, más que por no haber leído los textos derridianos (lo cual es ciertamente grave si realmente se pretende criticar algo), la acusación de Habermas cuando afirma que Derrida "desplaza, al igual que Heidegger, la política y la historia del momento al primer plano, al plano superficial de lo óntico, para moverse con más libertad y riqueza de asociaciones en la esfera de lo ontológico-escriturario" (Habermas, J., "Sobrepujamiento de la filosofía primera temporalizada: la crítica de Derrida al fonocentrismo" en ídem, *El discurso filosófico de la modernidad*, Taurus, Madrid, 1989, pág. 220). El caso de Habermas es especialmente espinoso pues, dada su masiva presencia en la filosofía de los últimos años, sobre todo en la española, este autor ha sido "el que ha producido más confusión con su propia confusión" (Peñalver, P., "Ontologías en desconstrucción", *loc. cit.*, pág. 306, nota 27).

marginal), de tal modo que ésta se ocupa, situándose de su lado, del término privilegiado, desdeñando al otro. Por ejemplo, la teoría de los *speech acts* de Austin y Searle[43] se funda en la distinción entre actos de habla "serios" y actos de habla "no serios" o "parasitarios" (así como también en la *exclusión* de estos últimos de la teoría). No obstante, ambos reivindican, *simultáneamente*, para sus propios "actos de habla" (¡aquellos que establecen la distinción!) el estatuto de "serios". Asimismo, Searle justifica esta distinción por la "dependencia lógica" de los actos de habla "(emitidos en circunstancias) marginales" respecto a los actos de habla "(emitidos en circunstancias) normales". Pero Derrida, intuyendo aquí una *axiología* inconfesada escribe: "Si se tratase en este dominio (...) de simple "dependencia lógica", de prioridad lógica *("logically prior")*, no se comprenderían todos los efectos de evaluación (valorización / desvalorización) masivamente presentes tanto en Austin como en Searle. (...) ¿Qué lógico, qué teórico en general habría osado decir: B depende lógicamente de A, por tanto B es parasitario, no serio, anormal, etc.? [Estos atributos] señalan todos una *pérdida* o una *patología*, una degradación ético-ontológica: más o menos que una simple derivación lógica. Este "más o menos" axiológico no puede ser negado"[44].

Ahora bien, como decíamos, si la deconstrucción no puede posicionarse en un neutralizante ni/ni que "sobrevuele" el campo conflictivo sin dejar su *rastro* en él, ignorando las fuerzas que constituyen la oposición[45], tampoco puede quedarse en la mera inversión de la jerarquía, lo cual constituiría de nuevo

---

[43] Esta teoría la analizamos más abajo (ver *Infra,* parágrafo 4.2).
[44] Derrida, J., "Limited Inc, a b c..." en ídem, *Limited Inc.*, pág. 172.
[45] "Como el motivo de la *neutralidad*, en su forma negativa, da paso a las tentativas de reapropiación más clásicas y más sospechosas, sería imprudente anular las parejas de oposición metafísicas, *desmarcar* de ellas simplemente a todo texto (suponiendo que fuese posible). El análisis estratégico debe ser constantemente reajustado" (Derrida, J., "La doble sesión" en ídem, *La diseminación*, pág. 313, nota 18).

otra jerarquía que, a fin de cuentas, confirmaría (quizás más profundamente) el sistema de dominio. En este sentido, no se trata tanto de "elevar" el concepto hasta entonces desdeñado como de hacer "descender" el concepto idealizado, o mejor, de deconstruir la operación "sublimante" y jerarquizante que concede a éste una posición privilegiada dentro de la oposición: "La novedad no consiste en renovar el contenido de la jerarquía o la substancia de los valores, sino en transformar el valor mismo de jerarquía. (...). No suprimir toda jerarquía, la an-arquía consolida siempre el orden establecido, la jerarquía metafísica; no cambiar ni invertir los términos de una jerarquía dada; sino transformar la estructura misma de lo jerárquico"[46]. Pero esto ya no puede hacerse desde la inmanencia del sistema, sino sólo mediante cierto desplazamiento o ruptura[47] respecto a éste, es decir, señalando el *lugar* de su abertura. Es aquí donde Derrida usa, en general, el "viejo nombre" del término sometido en la oposición para apuntar hacia lo que ya no se

---

[46] Derrida, J., *Espolones*, pág. 53.
[47] "Si dicha fractura no fuese practicada *efectivamente*, las ruidosas salidas fuera del discurso, del lenguaje o de la escritura en sentido obsoleto, e incluso fuera de la ideología en general, terminarían convirtiéndose en charla doméstica, en fraseología revolucionaria, en bullicio escolar, en una serie de tracas, en cualquier caso, entretenidas, es decir –y eso es imperdonable–, en aburridas operaciones dentro de una combinatoria semántica determinada, dentro de un código de connotaciones políticas archivadas: en resumen, siempre en tesis "universitarias" o en gesticulaciones "literarias", espectáculo cuyo programa, impreso hace ya mucho tiempo, nos descorazona de antemano y nos induce, finalmente, a no molestarnos más" (Derrida, J., "Tener oído para la filosofía" en *Suplementos Anthropos*, 13 (marzo, 1989), pág. 90). Se sugiere aquí, y más abajo lo veremos, la necesidad de cierta disrupción del horizonte semántico, lo que impide a los textos de Derrida ser resumidos en "tesis" o "fórmulas" que se arrojen contra otras, y que les da a dichos textos esa complejidad que muchos, *im-potentes* o *im-pacientes*, se apresuran a descalificar como "jerga".

deja dominar, *decidir*⁴⁸ por ella sino, al contrario, hacia aquello en lo que ella "enraíza" como su posibilidad. Mediante una *disimetría estratégica*, uno de los términos en oposición es generalizado y reinscrito en el texto deconstructivo, lo cual provoca que dicho término se *desdoble* para funcionar *bicéfalamente*. De este modo, el "viejo nombre" sigue funcionando dentro del sistema pero ahora, *simultáneamente*, como una pieza con dos cabezas, señalando hacia aquello que lo excede, provocando con ello un desplazamiento que afecta a su pareja en oposición (y a todo el conjunto de predicados adyacente), pues no se definía más que por contraposición al término que dominaba. Por esto Derrida habla de "escritura", de "práctica", de "inconsciente", de "materia", etcétera, lo cual puede llevar a la confusión de pensar que pretende situarlos en una posición dominante. Sin embargo, hay que tener siempre en cuenta, so pena de no comprender nada, que con el "viejo nombre" ya no se refiere a ninguna presencia, sea ésta el antiguo concepto, definible y definido en su contenido dentro del marco de una oposición, o sea un término *superior* que englobase sintéticamente, en una *Aufhebung* hegeliana, los términos en oposición. Por el contrario, lo que ha propiciado la deconstrucción de la oposición en la que se articulaba el "viejo nombre" es "la emergencia irruptiva de un nuevo "concepto", concepto de lo que no se deja ya, no se ha dejado nunca, comprender en el régimen anterior"⁴⁹.

Así pues, si el pensamiento de Derrida pretende "escapar" a la filosofía como metafísica de la presencia (y se ha visto cómo la cuestión de la *salida* no es tan simple como podría parecer), debe dar carta de ciudadanía a todo aquello que ha sido proscrito a la condición de accidente mundano que acaece, oponiéndose, a la esencia incontaminada. En este contexto es en el que debe entenderse la recuperación de la *escritura* por

---

[48] Ver *Infra*, parágrafo 3.2.
[49] Derrida, J., "Posiciones", *loc. cit.*, pág. 55.

parte de Derrida. Ésta ha sido representada siempre por la filosofía como algo secundario, un sustituto (*significante de significante*), un "suplemento" del habla y del *logos*, una *técnica* humana que aconteció en un momento de la historia pero que, en tanto exterior y sensible, no alcanza (o, más aún, compromete) la dignidad de lo que sustituye. Es según esta representación de la escritura que se ha querido objetar a Derrida el intentar simplemente invertir el orden de la jerarquía habla-escritura, reivindicando la primacía (cronológica y/u ontológica) de la escritura *en sentido corriente*[50] (inscripción en una materia sensible), pero de lo que se trata realmente es de "producir un concepto de escritura que abarque, como una posibilidad suya, lo que llamamos habitualmente el habla"[51]. Ciertamente, de alguna manera, hay que reconocer que el concepto común de escritura juega su papel en la deconstrucción del logocentrismo[52]. Derrida investiga en los temas o motivos (y la escritura es uno de ellos) que, a lo largo de la historia, han resistido a todo intento de totalización sistemática por parte de la filosofía y, como consecuencia, han sido ora encarnizadamente combatidos, ora discretamente ignorados, siempre relegados precipitadamente al no-saber, a la no-filosofía. Por ello, para Derrida la salida de la metafísica ha de tener en cierto modo la

---

[50] En este sentido escribe Derrida: "(...) nada sería más irrisoriamente mistificador que una tal subversión ética o axiológica, devolviendo una prerrogativa o algún derecho de primogenitura a la escritura" (Derrida, J., "Implicaciones", *loc. cit.*, pág. 19).

[51] Peñalver, P., *Desconstrucción*, pág. 80.

[52] Por ejemplo, cuando pretende "demostrar que los rasgos que se pueden reconocer en el concepto clásico y rigurosamente definido de escritura son generalizables" (Derrida, J., "Signature, événement, contexte" en ídem, *Limited Inc*, pág. 29; ídem, *Marges*, págs. 376-77 – trad. esp., pág. 358 –). Pero ello no debe inducir a la creencia enquistada en algunos críticos de que en dicha "repetición" del tema de la escritura no se produce ninguna "transformación"de dicho "concepto".

forma de un *empirismo*[53], otro nombre para la no-filosofía: "pretensión filosófica de la no-filosofía, incapacidad de justificarse, de darse auxilio como palabra. Pero esta incapacidad, cuando se asume con resolución, discute la resolución y la coherencia del logos (la filosofía) en su raíz en lugar de dejarse cuestionar por él. Nada puede, pues, *solicitar* tan profundamente el logos griego –la filosofía– como esta irrupción de lo completamente otro"[54]. Ahora bien, se erraría profundamente si se pensase que Derrida opone meramente objeciones de hecho, "exteriores" (lo que implicaría la posibilidad de instalarse *tranquilamente* en un "afuera" del *logos*), a lo que llama *fono-logocentrismo*[55], esto

---

[53] "Se dirá que ese estilo es empirista y, en cierta manera, se tendrá razón. La *salida* es radicalmente empirista. Procede a la manera de un pensamiento errante sobre la posibilidad del itinerario y del método. Se afecta del no-saber como de su porvenir y deliberadamente *se aventura*. Nosotros mismos hemos definido la forma y la vulnerabilidad de ese empirismo. [...]... la salida fuera de la clausura de una evidencia, la conmoción de un sistema de oposiciones, todos esos movimientos, necesariamente, tienen la forma del empirismo y del errar. [...]. Hay que comenzar *en cualquier lugar donde estemos*, y el pensamiento de la huella [...] ya nos ha enseñado que era imposible justificar absolutamente un punto de partida." (Derrida, J., *De la gramatología*, págs. 206-207).
[54] Derrida, J., "Violencia y metafísica", *loc. cit.*, pág. 208. Sin embargo, para Derrida, un pensamiento puramente *heterológico*, como pretendía ser el levinasiano (al menos en *Totalidad e infinito*), no puede ser más que un *sueño* (ver págs. 206 y ss).
[55] Este fonologocentrismo o logofonocentrismo, la solidaridad sistemática (que habremos de explicitar) entre logocentrismo y fonocentrismo, al punto de que mientan lo mismo, toma por *una* de sus "caras" claras resonancias heideggerianas. Para Derrida el "logofonocentrismo no es un error filosófico o histórico en el que se habría precipitado accidentalmente, patológicamente la historia de la filosofía, o incluso del mundo, sino un movimiento y una estructura necesarias y necesariamente finitas [...]; historia de la diferencia, historia como diferencia; que encuentra en la filosofía como *episteme*, en la

es, el vínculo originario entre *phoné* y *logos*. Por el contrario, el pensador francés pretende encontrar en el corazón mismo de la idealidad, de la estructura que la *constituye de derecho* en su identidad, el germen de aquello que la atormenta y le impide ser *absolutamente* aquello que pretende ser. No es por tanto el suyo un pensamiento pre-kantiano o pre-husserliano, sino que se le impone la necesidad de cierto *tránsito* por el ámbito trascendental (bajo *tachadura*), si bien para pasar más allá. La "ultratrascendentalidad"[56] de la *archi-escritura*, no siendo ésta *ni* la escritura "empírica" *ni* tampoco una escritura como nuevo *arkhé* u origen trascendental, nombra precisamente la imposibilidad de reducirla o derivarla de la oposición habla/escritura, así como tampoco de la oposición empírico/trascendental.

---

forma europea del proyecto metafísico u onto-teológico, la manifestación privilegiada" (Derrida, J., "Freud y la escena de la escritura" en ídem, *La escritura y la diferencia*, pág. 272). *En este sentido*, el fonologocentrismo se confunde con la determinación historial del sentido del ser en general como presencia. Sin embargo, también Heidegger (*cierto* Heidegger) permanecería, según Derrida, atrapado dentro del logocentrismo. Por otro lado, parece que el rebajamiento de la escritura en la época del *logos*, el fonologocentrismo como reducción de la diferencia, se deja pensar *mejor* bajo el heideggeriano "olvido del ser" que bajo la categoría freudiana de "represión".

[56] "Para no recaer en este objetivismo ingenuo es que nos referimos a una trascendentalidad que por otra parte ponemos en duda. Creemos que hay un más acá y un más allá de la crítica trascendental. Hacer de manera tal que el más allá no retorne al más acá, es reconocer en la contorsión la necesidad de un *recorrido*. Este recorrido debe dejar en el texto una estela. Sin esta estela, abandonado al simple contenido de sus conclusiones, el texto ultratrascendental se parecerá de manera equívoca al texto precrítico. Debemos darle forma y meditar, ahora, la ley de esta semejanza. Lo que aquí llamamos la tachadura de los conceptos debe señalar el lugar de esta futura meditación. Por ejemplo, el valor de arquía trascendental debe hacer experimentar su necesidad antes de dejarse tachar" (Derrida, J., *De la gramatología*, pág. 80).

Geoffrey Bennington formaliza esta situación de un modo sintético en la paradójica proposición "lo empírico es lo trascendental de lo trascendental (de lo empírico)"[57]. Si nos centrásemos en el paso por el campo trascendental, no parecería descabellado decir, todavía en el lenguaje de la fenomenología, que aquello que Derrida considera como archi-escritura es el *fenómeno* de la escritura tal como *se da* en su legalidad noemática tras la reducción fenomenológica. Pero pronto se revelará el sinsentido de tal expresión ("fenómeno de la escritura") pues la escritura como *archi-escritura* es aquello que nunca puede *darse* bajo la forma de la presencia, problematizando incluso la posibilidad de la fenomenología y haciendo estrictamente imposible una reducción trascendental *pura*. En tanto *condición* de la presencia, la archi-escritura no puede caer bajo su dominio.

Al igual que no puede haber, en rigor, una fenomenología de la escritura, tampoco puede haber una fenomenología del signo en general[58]. Y va a ser precisamente al hilo del concepto de signo y de su papel en las *Investigaciones lógicas* como Derrida va a desvelar la crítica fenomenológica a la metafísica como "el proyecto metafísico mismo, en su acabamiento histórico"[59]. En *La voz y el fenómeno* se lleva a cabo el lento y trabajado tránsito *a través* de la fenomenología al punto de llevarla hasta su

---

[57] Bennington, G., "Derridabase" en Bennington, G. y Derrida, J., *Jacques Derrida*, Cátedra, Madrid, 1994, pág. 283.

[58] También Ricoeur reconoce, al menos, cierta dificultad cuando afirma que la semiología o "lingüística estructural impone un desafío a la filosofía del sujeto" al reducir el lenguaje a un sistema de signos descriptible en términos formales e inmanentes, con lo que "la noción de significación es situada en otro campo que en el de las menciones intencionales de un sujeto" (Ricoeur, P., "La question du sujet: le défi de la sémiologie" en ídem, *Le conflit des interprétations*, Seuil, Paris, 1969, pág. 246). Y es que el signo rebasa el campo intuitivo de presencia en tanto que constituye una instancia mediadora entre la significación y el sujeto.

[59] Derrida, J., *La voz y el fenómeno*, Pre-textos, Valencia, 1995, pág. 41.

propio límite, a *su* deconstrucción. En ese lugar, una no-presencia originaria se revelará irreductible en el núcleo mismo de la presencia. La constitución del ahora-presente en el fluir de la temporalidad de la conciencia ya no podrá llamarse con Husserl *"subjetividad absoluta"*[60] (pues la subjetividad aparecerá como *constituida* desde siempre), desvelándose ahí la *escritura como movimiento de la diferencia*.

El *espaciamiento*, junto con la iterabilidad, es una de las características que nosotros interpretamos (y esta es nuestra hipótesis de trabajo más básica) como *"principales"* a la hora de una comprensión cabal de la escritura y que, por tanto, consideramos clave en vistas a vislumbrar el desplazamiento que Derrida realiza del campo filosófico en general y, para nuestro propósito final, de la comunicación en particular. Si bien la transformación del concepto de escritura se disemina a lo largo y ancho de la obra derridiana, el espaciamiento es el rasgo que Derrida destaca e investiga, a nuestro juicio de manera más clarificadora, en los análisis que recorren *La voz y el fenómeno*. Veamos, pues, cómo hemos de entender la escritura desde el espaciamiento, en qué consiste éste exactamente y cómo surge[61] a partir de la reducción del signo en el pensamiento husserliano.

---

[60] Husserl, E., *Lecciones de fenomenología de la conciencia interna del tiempo*, Trotta, Madrid, 2002, § 36, pág. 95.

[61] Este "surgimiento" no ha de entenderse como un "origen" de la escritura (o viceversa) por las razones que se expondrán más adelante y que se derivan de pensar la "huella". Comenzar por aquí no expresa en absoluto ninguna jerarquía, ninguna prioridad ontológica ni cronológica, sino que responde simplemente a una *decisión* del autor-intérprete que nunca podría dejar de tener algo de arbitrario y empírico (ver *Infra*, nota 53).

2. EL "ESPACIAMIENTO" DE LA ARCHI-ESCRITURA. Análisis de *La voz y el fenómeno*

2.1 *La expresión y la señal: la exclusión de la comunicación*

Las primeras líneas de la primera de las *Investigaciones lógicas* están dedicadas por Husserl a clarificar una confusión. Según él, la palabra "signo" *(Zeichen)* recubre dos conceptos heterogéneos entre sí: uno de ellos es el de *expresión (Ausdruck)* o signo animado, cargado de *Bedeutung* o *Sinn*. El otro es el de *señal (Anzeichen)*, que correspondería a un signo que simplemente *indica*, pero que no expresa nada al carecer de *Bedeutung* o *Sinn*[62]. Sin embargo, no es un signo sin significación, algo absurdo por definición. No puede haber un significante sin significado. Por ello, advierte Derrida, las traducciones que vierten *Bedeutung* en "significación"[63] corren el riesgo de confundir al lector respecto al texto husserliano. Para solventar esta eventualidad Derrida propone "definir, si no traducir, *bedeuten* por *querer-decir*"[64] *(vouloir-dire, to mean)*. Ello se justifica en el hecho de que la expresividad de la expresión (que

---

[62] Como se sabe, en las *Investigaciones* (ver §15 de la primera *Investigación*) Husserl no distingue todavía entre *Bedeutung* y *Sinn* (sentido) como sí hará posteriormente en *Ideas I*.
[63] Por ejemplo, la (por otra parte valiosa) traducción española de Manuel G. Morente y José Gaos.
[64] Derrida, J., *La voz y el fenómeno*, pág. 58. En general, nosotros también adoptaremos dicha denominación cuando no dejemos la voz alemana.

41

supone siempre la idealidad de una *Bedeutung*) está irreductiblemente ligada con la posibilidad del discurso oral. De este modo, la *Bedeutung* es un contenido discursivo, *lo que* alguien o un discurso *quieren decir*.

En principio, esta distinción entre señal y expresión parece basarse más en una diferencia *funcional* o *relacional* que *sustancial* ya que, según la vivencia intencional que lo anime, un mismo fenómeno puede aprehenderse como expresión o como señal (por ejemplo, un brazo levantado puede *señalar* cansancio o *expresar* el deseo de intervenir en un debate). Ahora bien, más que de simple yuxtaposición, Husserl habla de un entrelazamiento *(Verflechtung)* de una función con otra, de modo que "el querer-decir –en el discurso comunicativo– va siempre unido [*verflechten*] con cierta cantidad o proporción de señal; es decir, que en el discurso comunicativo, la expresión, además de querer-decir es, más o menos, una señal"[65]. Sin embargo, aunque *de hecho*, en la comunicación, el signo discursivo-expresivo (y con él el querer-decir) esté *siempre* encabestrado en un sistema indicativo, Husserl le reserva la dignidad del *derecho* a la expresión. Este entrelazamiento *fáctico* entre expresión y señal será visto por Husserl como una *contaminación* que hay que depurar o purgar en beneficio de la pureza expresiva de la *Bedeutung* como posibilidad del *logos*. Y es que si toda expresión en la comunicación real está cogida o entretejida de hecho en una trama indicativa, no ocurre lo contrario (esto es, que puede haber señal sin expresión), lo que podría llevarnos a engaño al parecer que la expresión es una especie del género "indicación" o "señal". Pero que ocurra esto en el espacio de los hechos no es razón para afirmar que no exista una rigurosa distinción jurídica, es decir, de esencia, entre expresión e indicación. ¿En qué situación fenomenológica se da según Husserl esta ruptura entre expresión e indicación? En el discurso monologado de la "vida solitaria del alma", en un lenguaje sin

---

[65] Husserl, E., *Investigaciones lógicas*, I, 1, § 1, pág. 233.

comunicación[66] (y por comunicación entiende Husserl discurso *efectivamente pronunciado* para otro) es donde encontramos la expresión libre de indicación. En consecuencia, y corriendo la misma suerte que la indicación y la señal, veremos cómo la comunicación será relegada por Husserl a capa exterior y accidental de la expresión. "Se eliminará, por tanto, en el camino de la investigación de la expresión en cuanto tal todo lo que depende de la función de comunicación [...]. Esta exclusión es importante [...]; indica por sí sola el sentido de la "reducción" fenomenológica implícitamente operada aquí"[67].

Es pues sobre esta exclusión, a partir de esta "reducción" de la indicación (cuya posibilidad abre a su vez la posibilidad de todas las reducciones por venir, eidéticas o trascendentales) a fenómeno empírico externo a la expresión, sobre lo que Husserl construye todo su proyecto fenomenológico. Pero también es aquello que marca la adscripción metafísica de la fenomenología en su mismo acto de constitución. Todos los desarrollos posteriores de la fenomenología se verían amenazados *esencialmente* si el entrelazamiento *(Verflechtung)* entre expresión y señal se revelase *por principio* irreductible ya que, en

---

[66] En este gesto se prefigura ya, según Derrida, el idealismo trascendental fenomenológico. Curiosamente, es en la suspensión de la relación con *un* cierto *afuera* como el querer-decir aísla la pureza de su *ex*-presividad. En esta cancelación, sin embargo, aparece un "afuera interior", una "trascendencia inmanente", esto es, el enfoque de una idealidad objetiva que, sin ser un componente "real" de la conciencia pero tampoco una trascendencia "mundana", hace frente, como correlato, a la intención del querer-decir. La objetividad del objeto y la presencia del presente *se dan* en "una "interioridad", o más bien de una proximidad a sí, de un *propio (Eigenheit)* que no es un simple *adentro*, sino la posibilidad íntima de la relación con un ahí y un afuera en general" (Derrida, J., *La voz y el fenómeno*, pág. 62).

[67] Schérer, R., *La fenomenología de las "Investigaciones lógicas" de Husserl*, Gredos, Madrid, 1969, pág. 150. Este autor ve también en este gesto el primer caso de "variación imaginativa" (función comunicativa, discurso solitario) antes de ser explicitado como tal por Husserl.

palabras de Derrida, "el derecho a una distinción entre el hecho y el derecho intencional, depende todo él del lenguaje, y en él, de la validez de una distinción radical entre la señal y la expresión"[68].

La esencia del signo o de la indicación es para Husserl una cierta "motivación" *(Motivierung)* que incita[69] al pensamiento a moverse, a pasar de algo a algo, ligando un conocimiento *actual* a un conocimiento *inactual* (por ejemplo, la visión de una bandera en un barco me lleva a pensar, me *indica* que es de una determinada nacionalidad). Pero definida así, de un modo tan general, la motivación puede encadenar tanto conocimientos sobre objetos empíricos como conocimientos o juicios intelectivos sobre esencias ideales (por ejemplo, de la matemática): esto último es lo que llamamos deducción o demostración apodíctica. Ahora bien, ello no quiere decir, ni mucho menos, que Husserl reconozca con esta motivación la aparición de indicación contingente en el núcleo de la idealidad (universal y necesaria). No son las relaciones (necesarias) que unen los *contenidos* de los objetos ideales las que dependen de la indicación empírica sino, en el sujeto que juzga, las motivaciones psíquicas que encadenan las vivencias, los actos *hic et nunc* que enfocan y "asocian" las idealidades. Así pues, aunque la demostración tuviese la necesidad de recurrir a la indicación[70], la *verdad* contenida en aquella no queda afectada en absoluto. La

---

[68] Derrida, J., *La voz y el fenómeno*, pág. 61.
[69] ¿No se revela ya aquí cierta pasividad de la conciencia con relación al signo?
[70] Así, por ejemplo, afirma Merleau-Ponty: "La necesidad de la demostración no es una necesidad analítica [...] No se da una definición del triángulo que encierre de antemano las propiedades que se demostrarán a continuación y los *intermediarios* [subrayado nuestro. N. M.] por los que se pasará para llegar a esta demostración [...]. No habría vivencia de la verdad [...] si las relaciones formales no se nos ofreciesen, primero, cristalizadas en algo particular" (Merleau-Ponty, M., *Fenomenología de la percepción*, Península, Barcelona, 1997, págs. 394-95).

verdad es independiente de los actos *psíquicos* en que la pensamos. Por consiguiente, la indicación se da cuando la motivación de cierta creencia o presunción es no intelectiva o empírica, esto es, refiere a "existencias": en tanto lo suyo es mostrar *(hinweisen)* y no demostrar *(beweisen)*, queda así la señal excluida de la objetividad ideal, de la verdad[71].

Se ha dicho ya, por otro lado, que la expresión es un signo cargado de *Bedeutung*, un signo que "quiere-decir". Dicha *Bedeutung* no adviene al signo y no lo transforma en expresión más que con el habla. Pero, ¿por qué usar el término "expresión" si el mismo Husserl reconoce que para ello es necesario "hacer violencia al idioma"[72]? Pues, en primer lugar, porque con ello se quiere dar a entender que la expresión es exteriorización. De hecho, es una doble salida fuera de sí del sentido: primero,

---

[71] Escribe Derrida, en un plano interpretativo, que en esta *separación* entre los dos tipos de signo se anuncian ya todas las oposiciones conceptuales de la fenomenología (hecho / esencia, trascendentalidad / mundanidad, etc.), así como en su *relación* se deja entrever el concepto de *paralelismo* que en Husserl define las relaciones entre lo psíquico puro (que se encuentra en el mundo) y lo trascendental puro (que se halla "fuera del mundo" – ver *Infra*, notas 79 y 81 –). Ello insinúa, a nuestro parecer, que todo el sistema de oposiciones sobre el que trabajará la "reducción" se nutre de una *diferencia* que se da *en* el lenguaje, de una diferencia *del* lenguaje (contradiciendo así la opinión expresa de Husserl, que creía en la existencia de una capa pre-expresiva y pre-lingüística del sentido). Ésta es para Derrida la "verdad" de la fenomenología: "la "reducción", antes incluso de llegar a ser método, se confundiría con el acto más espontáneo del discurso hablado, la simple práctica del habla, el poder de expresión" (Derrida, J., *La voz y el fenómeno*, pág. 73). Todavía en una etapa pre-deconstructiva Derrida ya comentaba que "la palabra no es, pues, sino la práctica de una eidética inmediata" (Derrida, J., *Introducción a "El origen de la geometría" de Husserl*, Manantial, Buenos Aires, 2000, pág. 61). Esto lo que Derrida llama la "inquietud trascendental" del lenguaje.

[72] Husserl, E., *Investigaciones lógicas*, I, 1, §5, pág. 238.

hacia una idealidad objetiva pre-expresiva, hacia el contenido intencional (lo que en *Ideas I* será el noema), y segundo, hacia la expresión. Pero como hemos apuntado más arriba, este exterior está "dentro de" la consciencia, es decir, que el discurso expresivo no tiene necesidad de ser efectivamente proferido en el mundo, esto es, de actualizarse en una comunicación. Así pues, en la inmanencia de la conciencia, lo que se produce es la salida fuera de sí de un acto intencional (pre-expresivo) hacia un sentido noemático que se transforma así en *Bedeutung* y en expresión. Por otra parte, se deja ya entrever que la expresión, si no necesita salir al mundo para ser tal, ha de desenvolverse en un "medio" peculiar: la voz "interior", "fenomenológica".

En segundo lugar, "expresión" indica que no toda exteriorización es lícita. Ésta ha de ser *voluntaria*, absolutamente consciente. Acto intencional dice, al menos en este punto, lo mismo que acto con *intención*. En la indicación, la exterioridad mundana limita la animación intencional-intencionada a causa de la materialidad del signo y de la existencia empírica de aquello que es indicado. Éstos son dos índices de opacidad que oscurecen la intención expresamente voluntaria. Sin embargo, la expresión, en tanto persiste "no mundana", interior, permite que la intención permanezca absolutamente transparente a sí. Esta transparencia se ve enturbiada por la encarnación física de la *Bedeutung*, por la efectividad de lo pronunciado, ya que ésta queda *abandonada* a los acontecimientos empíricos escapando así a la voluntad del sujeto. Por ello, el habla (que no ha de ser efectivamente proferida) es para Husserl el lugar reservado para la *Bedeutung*: en ella el que habla "asiste" (a) su discurso, puede dar cuenta de que lo que dice es lo que *quiere* decir. Así pues, en cuanto a vivencias de expresión se trata, parece que intencionalidad y voluntad mientan lo mismo. "Y si se llegara a pensar —como Husserl nos autorizará a hacer en *Ideas I*— que toda vivencia intencional puede en principio ser recogida en una vivencia de expresión, se debería concluir, quizás, que a pesar de todos los temas de la intencionalidad receptiva o intuitiva y de la génesis pasiva, el concepto de intencionalidad permanece cogido en la tradición de una metafísica voluntarista, es decir, quizás simplemente en *la* metafísica"[73].

Así pues, esta teoría de la significación es una metafísica teleológica en el sentido de que las exclusiones que se realizan en ella son hechas por Husserl en vistas a un *télos* como esencia del lenguaje: la consciencia voluntaria como querer-decir. Estas exclusiones destierran de la expresión todo lo que no cae bajo la pura intención espiritual que anima la inscripción física, espacial y, como en el cuerpo humano, convierte el *Körper* en *Leib*. El alma y la voluntad que dan vida al cuerpo dejan de estar completamente presentes a sí en su espacialización: ésta es la *muerte* de aquellos. Por ello, según Husserl, debemos excluir de la expresión "los gestos y ademanes con que acompañamos nuestros discursos *involuntariamente* y desde luego *sin propósito* comunicativo; y excluimos también aquellos gestos y ademanes en que, aun sin discurso concomitante, el estado anímico de una persona recibe una "expresión" comprensible para quienes la rodean. Estas exteriorizaciones no son expresiones en el sentido de discurso; no están, como las expresiones, unidas en unidad fenoménica con las vivencias exteriorizadas, en la conciencia del que las exterioriza; en ellas no comunica uno a otro nada; al exteriorizar estas manifestaciones *fáltale al sujeto la intención* de presentar unos "pensamientos" en modo expresivo, ya a otros, ya a sí mismo, en cuanto que se halle solo consigo mismo. En suma, esas tales expresiones *no tienen propiamente Bedeutung*"[74]. Tales expresiones gestuales no quieren *decir* nada porque no *quieren* decir nada.

Podemos decir pues, justificadamente, que la expresión, como lo totalmente expreso o, al menos, lo que tiene como norma teleológica la explicitud, es lo esencial al discurso, mien-

---

[73] Derrida, J., *La voz y el fenómeno*, pág. 80.
[74] Husserl, E., *Investigaciones lógicas*, I, 1, § 5, pág. 238. Salvo la última frase, el subrayado es nuestro.

tras que la indicación implícita-involuntaria, si bien está inextricablemente unida al discurso, representa el obstáculo para alcanzar el *télos*, la presencia del querer-decir voluntario a sí mismo. Este valor de presencia inmediata a sí es el que va a revelarse en última instancia como el criterio de distinción entre la señal y la expresión. La no-presencia a sí del presente viviente es lo que caracteriza la relación con el otro (y de un modo por ver también la relación consigo mismo de la temporalización), por lo que Husserl excluirá del discurso todo lo que está comprometido en la *comunicación* o en la manifestación de las vivencias. Y no deja de ser curioso que reconozca que la función primaria de la expresión es la comunicativa y que al párrafo siguiente afirme que "todas las expresiones, en el discurso *comunicativo*, funcionan como *señales*"[75].

Una descripción sumaria de un acto de comunicación sería aproximadamente del siguiente modo: acontecen ciertos fenómenos sensibles (audibles, visibles, etc.) que son animados por los actos de un sujeto que les da sentido y cuya intención, que es así "notificada", debe comprender simultáneamente otro sujeto. "Las palabras de la comunicación son, pues, signos de los correspondientes actos de darles sentido (el otro). (...). La convicción de la existencia actual de la palabra motiva pasivamente la convicción (aquí, firmísima) de la existencia del acto psíquico "exteriorizado" por el interlocutor"[76]. Sin embargo, la comprensión debe darse a partir de la opaca materialidad de los signos emitidos ("existentes") en la cual la "animación" (o la "reanimación") no puede ser pura y total. Esta mediación de lo sensible en toda manifestación de una vivencia subjetiva a otro sujeto compromete toda expresión en una operación indicativa. Toda "salida de sí", toda "separación de sí" conlleva ineluctablemente una señal. La indicación pues, en

---

[75] *Ibíd.*, 1, § 7, pág. 240.
[76] García-Baró, M., *La verdad y el tiempo*, Sígueme, Salamanca, 1993, pág. 126.

última instancia, es aquello que aparece cuando el acto que confiere el sentido, la intención animadora, no está plenamente presente. Claramente, en la comunicación, la vivencia del otro, sus actos de dar sentido no me son presentes en el modo inmediato como lo son para él. De ellos sólo tengo noticia mediatamente, a partir de la cara física de los signos percibo y que indican o señalan hacia su vivencia intencional. Escribe Husserl: "El oyente percibe que el que habla exterioriza ciertas vivencias psíquicas y percibe también, por tanto, esas vivencias; pero no las vive, y sólo tiene de ellas una percepción "externa", no "interna". Es la gran diferencia que existe entre la verdadera aprehensión de un ser en intuición adecuada y la presunta aprehensión de un ser sobre la base de una representación intuitiva, pero inadecuada. En el primer caso tenemos un ser vivido; en el último tenemos un ser supuesto, al cual no corresponde verdad. La mutua comprensión exige justamente cierta correlación de los dos actos psíquicos, que se desenvuelven respectivamente en el notificar y en el tomar nota de la notificación. Pero no exige su plena igualdad"[77]. Así pues, podemos decir que, en general, hay indicación cuando la presencia inmediata y plena del significado sea sustraída a la intuición, a la percepción "interna". "Dado que todas estas "salidas" [en el mundo, en el espacio] exilian en la señal esta vida de la presencia a sí, se puede estar seguro de que la indicación, que cubre hasta aquí casi toda la superficie del lenguaje, es el proceso de la muerte operando en los signos. Y desde que aparece el otro, el lenguaje indicativo –otro nombre de la relación con la muerte– ya no se deja borrar"[78].

---

[77] Husserl, E., *Investigaciones lógicas*, I, 1, § 7, pág. 241.
[78] Derrida, J., *La voz y el fenómeno*, pág. 86.

2.2 La idealidad y el signo: representación, repetibilidad e intersubjetividad

Se comprende así el recurso husserliano al monólogo interior como modo de soslayar la indicación y la no-presencia que implica la comunicación con el otro. La pureza de la expresión podrá encontrarse en el interior de la consciencia donde el acto intencional y el contenido al que apunta están plenamente presentes. Si la expresión es la esencia del discurso, la reducción de su cara física no debe mermarla en absoluto. El discurso no tiene necesidad del significante material, sino sólo de la *forma ideal* de éste. Lo que nos permite reconocer una palabra y repetirla indefinidamente como la *misma* no puede ser confundido con ninguna (o con la totalidad) de sus apariciones empíricas ni, por supuesto, depender de ellas. Cada una de dichas apariciones físicas es distinta de las anteriores y una generalización de hechos nunca podrá llevarnos a una identidad *de iure*. Así pues, "lo *mismo* de la palabra es ideal, en la posibilidad ideal de la repetición, no pierde nada con la reducción de *ningún*, en consecuencia, de *todo* acontecimiento empírico marcado por su aparición"[79]. Podemos pues afirmar con Husserl que "la len-

---

[79] *Ibíd.*, pág. 87. Podemos distinguir de este modo tres niveles de idealidad o de objetividad ideal: el grado *primario* sería el de las palabras o expresiones pertenecientes a una lengua particular, por ejemplo, "Löwe", "lleó", "león", etcétera. Pero más allá de las lenguas, "se atraviesa un grado de objetividad superior – llamémoslo *secundario* –, cuando se pasa de la palabra a la unidad de sentido *"león"*, de *"la expresión"* a lo que Husserl en las *Investigaciones lógicas* llama el *"contenido intencional"* o *'la unidad de la significación'"* (Derrida, J., *Introducción a "El origen de la geometría" de Husserl*, pág. 65), esto es, lo que será en *Ideas I*, el sentido noemático (por ejemplo, [león]). Pero como el objeto "apuntado" no es ni la expresión ni el contenido intencional, todavía cabe una tercera posibilidad: que el *objeto mismo* no sea empírico sino asimismo ideal (por ejemplo, los objetos de la geometría), con lo que llegamos a un nivel *terciario* y absoluto de objetividad ideal.

gua en sí misma (...) está edificada enteramente (...) a partir de objetividades ideales"[80].

Cada vez queda más patente que la distinción entre signo expresivo y signo indicativo tiene como horizonte final mostrar la posibilidad de la presencia a sí en la "vida solitaria del alma" antes del "extrañamiento" que supone la comunicación con el otro. El monólogo interior no puede ser un diálogo interiorizado, ha de haber una heterogeneidad esencial entre ambos tipos de discurso. Husserl debe hacer ver, y esto es determinante, que en la soledad ideal de la propia subjetividad no hay necesidad de señales para constituir la propia relación consigo, es decir, que puede haber expresión sin indicación. Para ello distingue entre el remitir como *Hinzeigen* (digamos "mostración", remitir expresivo) y el remitir como *Anzeigen* (remitir indicativo). El *Hinzeigen*, que se da en la "salida interior" (como apuntábamos más arriba) de la expresión hacia el sentido, se distingue del *Anzeigen* en que éste último remite siempre a una *existencia empírica*. Así pues, la diferencia entre el monólogo interior y el diálogo con otro radicaría en el hecho de que en la "vida solitaria del alma" no utilizamos palabras *reales*, sino sólo palabras *representadas*, la *imaginación* de las palabras[81]. Yo *no*

---

[80] Husserl, E., "El origen de la geometría" en Derrida, J., *Introducción a "El origen de la geometría" de Husserl*, pág. 168.

[81] Hemos de reparar en el importante matiz: no se trata de palabras *imaginadas*, sino de la *imaginación* de las palabras. Para la psicología clásica, de la que Husserl se aparta, la imagen es una *realidad* (física o psíquica) que "retrata" el objeto imaginado al cual indica. Pero Husserl se mueve en el nivel de la fenomenalidad, del ser-imaginado de la palabra, que no ha de confundirse con la palabra (imaginada), esto es, con *esta* palabra que imagino y que constituye mi contenido *mental*. En la imaginación, "facultad" vital en la fenomenología, la existencia de la palabra queda neutralizada, no está implicada ni siquiera a título de sentido intencional (como sí lo está, por ejemplo, en el fenómeno de su percepción). Es en este sentido que venimos diciendo que el noema es un componente no real de la conciencia. La

me *comunico* nada a mí mismo, sino que me limito a *representarme* un diálogo *ficticio*. Por otro lado, no tengo *necesidad* de comunicarme nada pues mis actos psíquicos me son inmediatamente presentes en el mismo instante en que los pienso: no tendría ninguna *finalidad* comunicarme a mí mismo lo que ya sé. Escribe Husserl: "En cierto sentido *hablamos*, sin duda, también en el discurso solitario; y seguramente que es posible en este aprehenderse a sí mismo como uno que habla y aun eventualmente como uno que habla consigo mismo. Así sucede cuando alguien se dice a sí mismo: lo has hecho mal, no puedes seguir así, etc. Pero en estos casos no hablamos en sentido propio, en sentido comunicativo; no nos comunicamos nada, sino que nos limitamos a *representarnos a nosotros mismos* como personas que hablan y comunican. En el discurso monológico las palabras no pueden servirnos para la función de señalar, notificar la existencia de actos psíquicos, pues *semejante señal sería inútil*, ya que los tales actos son vividos por nosotros *en el mismo momento*"[82].

Parece pues que para Husserl lo que distingue el monólogo interior respecto a la comunicación efectiva es el carácter representativo del primero: "en esta vida interior no habría indicación porque no hay comunicación; no habría comunicación porque no hay *alter ego*. Y cuando surge la segunda persona en el lenguaje interior, es una ficción"[83], una falsa comunicación, un fingimiento. La representación no pertenece a la esencia de la comunicación real, y aunque *puede adherirse ocasionalmente* a ésta como un accidente, no la constituye. Ahora bien, ¿podemos efectivamente hablar de límite riguroso, de separación estricta, de simple exterioridad entre discurso real y discurso

---

imagen, en sentido husserliano, no es una realidad que duplique otra realidad. Aquí radica la especificidad de la fenomenología frente a otras teorías intencionalistas del significado como, por ejemplo, la que sostiene J. R. Searle desde un punto de vista "naturalista".
[82] Husserl, E., *Investigaciones lógicas*, I, 1, § 8, pág. 242. Subrayado mío.
[83] Derrida, J., *La voz y el fenómeno*, pág. 127.

representado? Dicho de otro modo, para que se dé esta *eventualidad*, para que sea *posible* esta adherencia accidental, ¿no ha de haber algo en la estructura (o esencia, para el caso es lo mismo) del discurso efectivo que *posibilite* dicha *posibilidad*? De hecho, como afirma Derrida, "en el lenguaje la representación y la realidad no se añaden una a otra aquí o allí, por la simple razón de que es imposible, en principio, distinguirlas rigurosamente. (...). El lenguaje en general *es* esto [es decir, representación. N. M.]" [84]. Aquí es donde Derrida piensa con Husserl contra Husserl. Desde el momento en que utilizo palabras (sea en mi fuero interno, en un monólogo interior o sea pronunciándolas efectivamente en una comunicación) me veo inmerso en una estructura de repetición que no puede ser sino representativa. No existe tal cosa como el "acontecimiento de un signo", único, inimitable, irrepetible: "Una palabra que no se repitiese, un signo único, por ejemplo, no sería *uno*. No se convierte así en lo que es más que en la posibilidad de su reedición" [85]. Esta estructura de repetición no se limita al soliloquio, sino que ha de funcionar igualmente en la comunicación efectiva. No podríamos reconocer, repetir, utilizar un significante (oral, escrito, gestual, etc.) si no tuviese de algún modo siempre la *misma* forma (que es, por ende, ideal) bajo o sobre todas las deformaciones y accidentes empíricos que su apari-

---

[84] *Ibíd.*, pág. 99.
[85] Derrida, J., "La diseminación" en ídem, *La diseminación*, pág. 483. En otro lugar: "Pues no hay palabra, ni en general signo, que no esté construido mediante la posibilidad de repetirse. Un signo que no se repita, que no está dividido por la repetición ya en su "primera vez", no es un signo. La referencia significante debe, pues, ser ideal – y *la identidad no es más que el poder asegurado de la repetición* – para referirse cada vez a lo mismo" (Derrida, J., "El teatro de la crueldad y la clausura de la representación" en ídem, *La escritura y la diferencia*, pág. 337-338. Subrayado nuestro).

ción en el mundo conlleva necesariamente[86]. Podríamos hablar de una forma ideal de la materialidad del signo o de una idealidad de la materia significante[87]. Ello implica que esta identidad involucre de un modo necesario una *representación*: "como *Vorstellung*, lugar de la idealidad en general, como *Vergegenwärtigung*, posibilidad de la repetición reproductiva en general, como *Repräsentation*, en tanto que todo acontecimiento significante es sustituto (del significado tanto como de la forma ideal del significante). Al ser esta estructura representativa la significación misma, yo no puedo emprender un discurso "efectivo" sin estar originariamente comprometido en una representatividad indefinida"[88]. Todo signo, el signo en general, pertenece al orden de la representación.

Una vez que la representación se muestra ineficiente a la hora de delinear una frontera rigurosa entre comunicación real y soliloquio, se abre la *posibilidad* de que el lenguaje efectivo sea tan imaginario como el discurso imaginario, y viceversa. Por lo tanto, simplemente podemos hablar d*el* lenguaje, en el que la diferencia entre la realidad, la percepción, lo verdadero, la presencia simple, por un lado, y la representación, el recuerdo, lo imaginario, la repetición, por otro lado, ha comenzado siempre a borrarse. "Un significante es, desde el comienzo, la posibilidad de su propia repetición, de su propia imagen o semejanza.

---

[86] Si bien acaba probablemente en un psicologismo, una idea similar aparece en Saussure para quien, como se sabe, esta forma ideal o "imagen acústica" no es positiva, sino que se constituye por las diferencias con otras formas ideales. De este modo, "el valor de las letras es puramente negativo y diferencial; así una misma persona puede escribir la *t* con variantes tales como t, t, t. Lo único esencial es que ese signo no se confunda en su escritura con el de la *l*, de la *d*, etc." (Saussure, F. de, *Curso de lingüística general*, Alianza, Madrid, 1987, Segunda parte, capítulo 4, § 3, pág. 150).
[87] "Idealidad de la forma sensible del significante" es la fórmula que utiliza Derrida (Derrida, J., *La voz y el fenómeno*, pág. 102).
[88] *Ibíd.*, págs. 99-100.

Es la condición de su idealidad, aquello que lo hace reconocer como significante y lo hace funcionar como tal, vinculándose a un significado que, por iguales razones, nunca podría ser una "realidad única y singular". Desde que aparece el signo, vale decir desde siempre, no hay ninguna posibilidad de encontrar en algún lugar la pureza de la "realidad", de la "unicidad", de la 'singularidad'"[89]. La metafísica (que vive de estas oposiciones y de la jerarquía que implican), en su celo por salvaguardar la presencia, siempre ha reducido el lugar donde esta diferencia entre realidad y representación no tiene lugar, el punto en el que se tacha, es decir, el signo: *ha borrado la borradura*. La manera clásica de borrar el signo ha consistido en reducir o en derivar el significante, en someter el signo, como una modificación accidental de la presencia, al pensamiento. Pero ahora no se trata simplemente de invertir la sumisión y pregonar la originariedad del signo en el mismo sentido en que la metafísica habla de lo originario. De hecho, el concepto de signo, en tanto constituido y establecido por *la* filosofía, no sabría tener otro sentido que el de lo secundario y lo derivado. Siempre ha designado la oposición-diferencia entre significante y significado, y siempre ha nombrado la subordinación del primero al segundo. Para Derrida sería poco inteligente eliminar *sin más* la diferencia entre significante y significado, es decir, destruir el concepto tradicional de signo como algo metafísico en sí mismo. No hay términos o conceptos metafísicos en sí mismos[90], no son elementos simples, sino que funcionan metafísicamente dentro de un cierto sistema. Por ello, "no podemos deshacernos del concepto de signo, no podemos renunciar a esta complicidad metafísica sin renunciar al mismo tiempo al traba-

---

[89] Derrida, J., *De la gramatología*, pág. 123.
[90] "No hay "concepto-metafísico". No hay "nombre-metafísico". Lo metafísico es cierta determinación, un movimiento orientado de la cadena. No se le puede oponer un concepto, sino un trabajo textual y otro encadenamiento." (Derrida, J., "Fuera de libro (Prefacios)" en ídem., *La diseminación*, pág. 11).

jo crítico que dirigimos contra ella"[91]. Es pues habitando de una determinada manera el adentro del sistema, contando con la carga que el término "signo" tiene dentro de él, como Derrida pretende *solicitar*, hacer conmover la metafísica como un todo (de *sollus*, en latín arcaico: el todo, y de *citare*, empujar). En la medida en que toda oposición metafísica es siempre solidaria con todo un sistema de otras oposiciones, "zarandear" una de ellas no puede dejar de tener "efectos" sobre toda la estructura. En esto Derrida es heredero de la consciencia estructuralista que opina que "se percibe la estructura en la instancia de la *amenaza*" y que "se puede entonces amenazar *metódicamente* la estructura para percibirla mejor"[92]. De este modo, el desplazamiento efectuado por la deconstrucción de la diferencia entre presencia real y presencia en la representación como *Vorstellung* se "propaga" a través de toda una organización de conceptos, afectando así a todo un conjunto de oposiciones, por ejemplo, a la que se da entre el significado y el significante, entre la presencia simple y su reproducción, entre presentación como *Vorstellung* (la presentación de una "idealidad") y re-presentación como *Vergegenwärtigung* (repetición o reproducción de la presentación), de manera que la *Vorstellung* más simple, la presentación *(Gegenwärtigung)*, se torna dependiente de la posibilidad de la re-presentación *(Verge-*

---

[91] Derrida, J., "La estructura, el signo y el juego en el discurso de las ciencias humanas" en ídem, *La escritura y la diferencia*, pág. 387. Una página atrás, Derrida escribe: "...: *no tiene ningún sentido* prescindir de los conceptos de la metafísica para hacer estremecer a la metafísica; no disponemos de ningún lenguaje –de ninguna sintaxis y de ningún léxico– que sea ajeno a esta historia; no podemos enunciar ninguna proposición destructiva que no haya tenido ya que deslizarse en la forma, en la lógica y los postulados implícitos de aquello mismo que aquélla querría cuestionar". Sobre esta necesidad y el riesgo de instalarse en un discurso para transgredirlo ver *Supra,* capítulo 1.

[92] Derrida, J., "Fuerza y significación" en ídem, *La escritura y la diferencia*, pág. 13.

genwärtigung). En otras palabras, no que haya repetición porque hay presencia, sino que hay "presencia" porque puede haber repetición.

Veámoslo detenidamente. Presencia, observa Derrida, no mienta para Husserl otra cosa que presentación de una idealidad noemática, de un "ob-jeto" ideal dispuesto ante la mirada de un "su-jeto", en el presente viviente. Por ello, el objeto ideal (por ejemplo, el ente geométrico, que no ha de ser confundido con su sentido intencional o noema[93]) es para Husserl el arquetipo, "el modelo absoluto del objeto en general. Es siempre más objetivo que el objeto real, que el ente natural. Pues si éste resiste y se opone más, lo hace siempre frente a una subjetividad empírica de hecho. Así pues, nunca puede alcanzar esa objetividad absoluta propuesta a toda subjetividad en general en la identidad intangible de su sentido"[94]. Y es que, por un lado, la idealidad *no existe*, es decir, no está en el mundo sensible ni en un mundo suprasensible platónico, sino que, en su pureza, está constituida por la *posibilidad* de ser repetida como la misma *ad infinitum*, esto es, re-*actualizada* por un número infinito de sujetos. Según esto, podemos afirmar que el *yo* trascendental que accede a la idealidad es o equivale a un *nosotros* trascendental y, asimismo, que la *intersubjetividad* se revela como (la condición de) la *objetividad* (entendiendo estas últimas como Ideas con *pretensión* totalizadora o infinitas, esto es, Ideas en sentido kantiano). En este sentido afirma Levinas que, para Husserl, "conocer objetivamente sería, pues, constituir mi pensamiento de tal manera que obtenga ya una referencia al pensamiento de los otros. Esto que comunico se constituye de antemano en función de los otros. Al hablar no transmito a otro lo que es objetivo para mí: lo objetivo sólo llega a ser objetivo por la comunicación"[95].

---

[93] Ver *Supra*, notas 79 y 81.
[94] Derrida, J., *Introducción a "El origen de la geometría" de Husserl*, págs. 60-1.
[95] Levinas, E., *Totalidad e infinito*, Sígueme, Salamanca, 1999, pág. 223.

Ahora bien, por otro lado, esta pureza de la idealidad sólo puede ser garantizada por una temporalidad concebida desde el *presente*. La "experiencia del ser" (y para Husserl, recordamos, el ser es determinado como idealidad) sólo puede darse genuinamente a una vida trascendental que tiene la *forma* del presente, de la presencia. Esta vida, en tanto "formal", ideal, trascendental, es de derecho independiente del contenido empírico y determinado que pueda tomar, es decir, de la existencia empírica de tal o cual sujeto y de todas sus experiencias posibles. Efectivamente, el sentido y el resultado de la "reducción trascendental" es que el sujeto "abandone" o "deje atrás" (incluso, justificados por lo que sigue, nos atrevemos a decir "haga *morir*") su yo empírico, junto con sus experiencias concretas, a fin de "alcanzar" en su reflexión una "subjetividad en general"[96] (y su correlato, la idealidad objetiva). El presente es, por denominarlo así, el "*lugar*" de esta "subjetividad comunitaria", el punto en el que, accediendo a él, cualquier sujeto puede re-activar, repetir *el mismo* sentido "descubierto" o "activado" por una subjetividad pasada o ausente en general, constituyéndose así la objetividad y abriéndose la posibilidad de la comunicación y del progreso. Ahora bien, la capacidad de un sujeto para acceder a la misma idealidad de sentido que se originó en *otro* sujeto o, en otras palabras, la raíz de la intersubjetividad, se funda en la temporalidad de la conciencia, en su constante fluir, esto es, en la posibilidad de constituir en mi Presente

---

[96] En este sentido escribe Javier San Martín: "Si en la reducción se trata de poner o recuperar un sujeto racional, el tema de la intersubjetividad lleva a ver que el sujeto del mundo no soy sólo yo sino nosotros; por eso dirá Husserl en un importantísimo texto: (...) mientras no hayamos conseguido desvelar la subjetividad como intersubjetividad no hemos practicado la reducción trascendental. (...). La reducción trascendental, en consecuencia, según Husserl, sólo es viable como reducción intersubjetiva" (San Martín, J., *La fenomenología de Husserl como utopía de la razón*, Anthropos, Barcelona, 1987, pág. 93).

Viviente *otro* ahora y, sobre él, *otro* aquí, otro origen absoluto en *mi* origen absoluto[97]. "Antes de ser la idealidad de un objeto idéntica para otros sujetos, lo es el sentido para *otros* momentos del mismo sujeto. La intersubjetividad es pues, primero, en cierta forma, la relación no empírica de mí conmigo mismo, de mi presente actual con otros presentes como tales, es decir como otros y como presentes (como presentes pasados), la relación de un origen absoluto con otros orígenes absolutos, siempre míos pese a su alteridad radical. Gracias a esta circulación de los absolutos originarios, la *misma* cosa puede ser pensada a través de los momentos y de los actos absolutamente distintos"[98]. La posibilidad del presente, tomado en su sentido histórico, como lugar de la intersubjetividad o "comunidad de subjetividades", se instituye pues en la temporalidad inmanente de la conciencia cuya forma privilegiada es, asimismo, el presente como Presente Viviente.

Por tanto, *el presente es* aunque el *contenido* de toda experiencia determinada cambie radicalmente, así como más allá de la muerte (o desaparición en general –por olvido, por descanso del fenomenólogo, etc–) de cualquier sujeto fáctico, incluso (claro está) *yo*. Vemos ahora que en este razonamiento sigue funcionando la misma estructura: el movimiento por el que "trasciendo" mi vida empírica hacia la presencia del presente en la vida trascendental sólo es tal, *sólo es lo que es*, si otros antes o después de mí *pudieron* o *podrán* hacerlo (incluso *yo mismo* en dos momentos distintos), es decir, que dicho *acto* se realiza ya en una estructura de repetición. Así es como el *cogito* cartesiano ha podido transmitirse a través de la historia de la filosofía en la ausencia de Descartes. La representación, el signo en tanto potencia de repetición, posibilita de este modo la *presencia* a sí de la vida trascendental. Pero si el signo constituye al presente

---

[97] Podemos así decir que "sin lo completamente-otro, no hay universalidad ni exigencia de universalidad" (Derrida, J., "Parergon" en ídem, J. *La verdad en pintura*, Paidos, Buenos Aires, 2001, pág. 59).
[98] Derrida, J., *Introducción a "El origen de la geometría" de Husserl*, pág. 83.

y se aloja en el mismo corazón de la presencia, entonces ya no podemos hablar de presencia *pura*. Que la presencia a sí deba darse en una estructura de repetición implica que *"esta vez"* (quizá la primera) no pueda ser (tampoco la primera) sin remitir a *"otra vez"* (que igualmente remite a virtualmente infinitas *"otras veces"*). La idealidad, la legalidad, el *derecho*, no es más que la factualidad, el caso, el *hecho finito* llevado al *infinito*, así como, por otra parte, la *pureza* de aquellos no era pensable más que en el *olvido de su origen* en éstos. En el fondo, la distinción habitual entre el hecho y el sentido o el derecho no es otra que la que hay entre finito e infinito[99]. "Para que lo verdadero para

---

[99] En este punto podemos vislumbrar concretamente cómo habrá de ser la estrategia derridiana. Si la idealidad ya no puede pensarse como cándidamente se venía pensando, ello no puede dejar de tener efectos teóricos y prácticos (incluso sobre ésta última distinción). Sacar las consecuencias de ello pertenece al talante de los "hombres ilustrados modernos que queremos todavía ser, ¿no es así?" (Derrida, J., "Vers une éthique de la discusión", *loc. cit.*, pág. 231-32), mientras que aquellos que pretenden persistir *sin más* en las rígidas distinciones caen bajo la crítica de sus propias acusaciones acerca del "oscurantismo" de Derrida.

Así pues, si el derecho no se funda más que en la infinitización de la repetición, de las repeticiones de hecho, se muestra de este modo el límite de los conceptos como razón y verdad. Si ya nada como esto último "dirige" o "atrae" el discurso hacia sí, las lecturas derridianas quedan pues, si no fundamentadas, sí (digamos) "justificadas". Por un lado, se trata de efectuar una repetición y, en este sentido, colaborar con el discurso de la idealidad y el derecho (de ahí la exigencia de respetar las normas "clásicas" de la interpretación – ver *Infra*, parágrafo 3.1 – y la estrategia *paleonímica*). Pero, por otro lado, Derrida intenta insertar un *desliz* en la repetición, esto es, busca encontrar o cometer una *falta* (un defecto, una ausencia, un error, una infracción) que, si bien *algo* empírica, por lo visto hasta ahora no puede dejar de afectar a la idealidad que *simula* repetir y que no vive más que de su repetición. Dicho escuetamente, lo que se persigue es implantar la alteridad en la constitución de la identidad (algo que,

todos y para siempre sea idéntico a lo verdadero para mí, el yo tiene que tener las cualidades del Dios cartesiano, de cualquier otro modo lo verdadero sería tan sólo un valor o una perspectiva, carecería de plenitud. La identidad entre ser y sentido exige la constitución del yo en el lugar de Dios, para que el fenómeno no quede degradado a simple apariencia"[100]. Pero como esta "divinidad" o infinitud no es pensada por Husserl al modo hegeliano, como infinito "positivo", sino como Idea en sentido kantiano ("operación idealizante secundaria" que "interviene siempre de manera decisiva en los momentos difíciles de la descripción husserliana"[101]), la diferencia entre finito e infinito es "retrasada", dejada "para más tarde", diferida *ad calendas graecas*, con lo cual la distinción, el límite entre el hecho y el derecho (así como el que separa todas las oposiciones que se rigen bajo ésta) parece anularse o, al menos, difuminarse. Por ello, todas las "distinciones esenciales" se ven inmersas "en la aporía siguiente: *de hecho, realiter* aquellas no son respetadas jamás, Husserl lo reconoce. *De derecho* e *idealiter*, se borran, puesto que no viven, como distinciones, más que de la diferencia entre el derecho y el hecho, la idealidad y la realidad. Su posibilidad es su imposibilidad"[102].

Es importante insistir sobre esta estructura que es, a nuestro juicio, un lugar decisivo del pensamiento derridiano. Así pues, recapitulemos. "Se" produce un "acontecimiento" o "suceso" (una percepción, por ejemplo) en un sujeto fáctico. Pero, si no estuviese ya en una estructura de repetición, dicho "acontecimiento" no podría ser "reconocido" en su identidad

---

por otro lado, no podría conseguirse coherentemente si no ocurriese de hecho –¡y de derecho!– siempre ya). De esta alteridad en la repetición pretende dar cuenta el "rasgo" escritural del que nos habremos de ocupar más adelante, y que no es otro que la *iterabilidad*.
[100] Ferro, R., *Escritura y desconstrucción*, Biblos, Buenos Aires, 1995, pág. 32.
[101] Derrida, J., *Introducción a "El origen de la geometría" de Husserl*, pág. 107.
[102] Derrida, J., *La voz y el fenómeno*, pág. 164.

ideal por el propio sujeto ni, por supuesto, salir de la mente de este sujeto empírico, esto es, ser comunicado. La idealidad no se produce más que cuando este acontecimiento es repetible (no hay primera vez sin *posibilidad* de la segunda). Correlativamente, el acceso "a mí mismo" en el *"yo soy"* no puede ser el acceso a mí como sujeto empírico, sino en tanto subjetividad también "ideal", esto es, como *cogito*. Al igual que la idealidad abstrae las cualidades particulares del acontecimiento (por ejemplo, las expresiones lingüísticas, valga la redundancia, "expresan" universalidades), el sujeto que accede a la vida trascendental ha de hacer abstracción de su empiricidad. Sólo así puede ser comunicable una idealidad, de modo que pueda ser re-actualizada por otros sujetos (no empíricos) o por el mismo sujeto en dos momentos distintos de su vida (independientemente de los sucesos contingentes que le ocurran y lo modifiquen). Se posibilita así una historia de la verdad y el progreso.

Sin embargo, esta abstracción puede ser vista como una *muerte* del sujeto empírico[103]. La relación con la idealidad es pues, en cierto sentido, una (determinada) relación con la muerte. Repetibilidad (idealidad) dice también mortalidad. La idealidad y la vida trascendental (la presencia, el presente) *son* antes de nacer yo y después de mi muerte, antes y después de "ahora" (y "muerte" aquí puede significar tanto desaparición

---

[103] Esta "abstracción" es lo que consigue la reducción trascendental (que, por otro lado, no puede dejar de ser reducción eidética). Piensa Derrida (ver *Infra*, pág. 130) que la presencia es la muerte y que por ello no habría vida sin diferir esa presencia hasta el infinito, esto es, que no habría vida sin diferencia. Se podría pensar que, en última instancia, lo quiere mostrar Derrida es que si no "morimos" por la presencia es que esta nunca se da, es decir, que no puede haber una "reducción" completa, que esa muerte de lo empírico no puede ser total, por lo que no puede haber una idealidad pura. En la dirección contraria, se trata de pensar simultáneamente, en el sentido del gesto husserliano, que no puede haber empiricidad sin idealidad (esto es, repetición).

física, como el descanso que se toma necesariamente el pensador para comer, dormir, etc., es decir, cuando no está pensando a ese nivel reflexivo-trascendental). El acceso a la vida trascendental *requiere* por tanto la muerte (el olvido) del sujeto empírico[104]. Por supuesto, normalmente no vamos "reducien-

---

[104] Es por esto, a nuestro entender, por lo que Derrida afirma que "el idealismo trascendental, según la propia tradición kantiana, no es posible sin la afirmación de una finitud radical del filósofo. (...). Sin esta ocultación [de la región "conciencia" como fundamento unitario de todas las regiones], el discurso filosófico renunciaría a todo rigor eidético, es decir, a todo sentido. Sin esta desaparición del fundamento, necesaria para el aparecer mismo (...), sin esta reducción que Heidegger implícitamente le reprocha, Husserl piensa que la filosofía recae (...) en la regionalidad empírica, por ejemplo bajo la forma de la facticidad antropológica, aquí, piensa Husserl, la del Dasein" (Derrida, J., *Introducción a "El origen de la geometría" de Husserl*, pág. 145, nota 213). Dicho de otro modo: que la condición de la fenomenalidad, del aparecer (que siempre es de una idealidad), es la desaparición del origen, el ocultamiento de la vivencia inmediata, la muerte de lo empírico. Por ello la muerte no puede ser pensada como sentido, pues es lo que permite precisamente la aparición del sentido. En este sentido, "el tema de la muerte, pero de una muerte que no aparece jamás como tal, marca quizá justamente el límite del proyecto fenomenológico" (Derrida, J., "Sobre la fenomenología", *loc. cit.*, pág. 61).

Por otro lado, y si bien estuvo muy atento a este problema de la complicidad del aparecer y la disimulación, ¿no cae también Heidegger bajo la argumentación derridiana? Ciertamente, aquél fue muy sensible al hecho de que la reflexión no puede realmente re-vivir la vivencia originaria (algo que de algún *modo* también Husserl admitía —por ejemplo, ver Husserl, E., *Meditaciones cartesianas*, § 15, pág. 48–). Asimismo su idea de que "al comprender filosófico le es constitutiva una situación hermenéutica, implica negar validez última a la distinción entre la vida trascendental de la conciencia y su vida psicológica" (Rodríguez, R., *La transformación hermenéutica de la fenomenología*, Tecnos, Madrid, 1997, pág. 111). Pero como para él, "*comprender* no significa (...) sino repetir: repetir originariamente lo que es comprendido en

do" explícitamente nuestro yo empírico, volviendo reflexivamente sobre nuestros actos, sino que "abandonar" esta vida trascendental es algo que necesitamos hacer en tanto somos seres finitos (y necesitamos comer, dormir, jugar, etcétera). Pero el presente siempre está ahí y siempre puedo acceder a él, a la vida trascendental, repetir el *cogito* y las idealidades correlativas.

Ahora bien, por otra parte, si la idealidad depende de los actos de repetición, pues es lo que garantiza la posibilidad de su transmisión y la puesta en circulación intersubjetiva fuera de la "cabeza" del sujeto empírico, "lo que emancipa radicalmente a esa verdad respecto de toda subjetividad empírica, de toda vida fáctica, de todo mundo real, es su capacidad de perdurar sin ser pensada en acto o de hecho"[105]. En este sentido, si bien desde un concepto aún pre-deconstructivo o pre-escritural de comunicación, Derrida destaca muy pronto el (ambiguo) papel de la escritura en la historia de la verdad: como posibilitadora de la "liberación" del sentido respecto a la facticidad de la evidencia *actual* para un sujeto empírico, pero también como propiciadora de los fenómenos de *crisis*. Y es que, más allá de la comunicación oral, "la escritura crea una

---

términos de la situación más propia y desde el prisma de esa situación" (Heidegger, M., *Interpretaciones fenomenológicas sobre Aristóteles*, Trotta, Madrid, 2002, pág. 33), es decir, en tanto que su problema era el de "la "repetición" no reflexiva de la vivencia del mundo circundante", de modo que dicha repetición retome "íntegramente todo lo que aparece en el vivir inmediato" (Rodríguez, R., *La transformación hermenéutica de la fenomenología*, pág. 84), Heidegger permanece aún, a nuestro juicio, al menos en su "primera época", dentro de la problemática de la "repetición" y la "representación" arriba expuesta: ésta implica, en efecto, la posibilidad necesaria de la imposibilidad de re-vivir, de *apropiarse* del sentido "originario". En tanto la "*archi*-repetición" o "repetición en el origen" pone en cuestión la presencia, ¿no inhabilita precisamente la distinción metafísica entre lo originario y lo derivado, abriendo así el pensamiento de la huella como solicitación de la demanda de *arkhé* (ver *Infra*, parágrafo 2.3)?
[105] Derrida, J., *Introducción a "El origen de la geometría" de Husserl*, pág. 91.

especie de campo trascendental autónomo del cual todo sujeto actual puede ausentarse". (...) Es cierto que, como lugar de las objetidades [*objectités*] ideales absolutamente permanentes y, por ende, de la objetividad absoluta, la escritura constituye un campo trascendental de ese orden [un "campo trascendental sin sujeto" en palabras de J. Hyppolite[106]. N. M.], y que es a partir de él o de su posibilidad como la subjetividad trascendental puede anunciarse y manifestarse plenamente. Constituye, pues, una *"condición"* de ésta"[107].

Éste es, a nuestro entender, un ejemplo paradigmático en donde lo empírico se revela como "trascendental de lo trascendental". Por el lado del "objeto", no habría transmisión, comunicación del sentido (y por tanto intersubjetividad, lo que es, a su vez, objetividad) si no se utilizase un lenguaje (suponiendo, además, que pudiese haber "objeto" sin lenguaje). Sin embargo, el habla, si libera el sentido de una subjetividad particular, permanece encadenada al acontecimiento de la interlocución o, cuanto menos, al aquí y ahora de una comunidad fáctica (por ejemplo, en una emisión de radio). Por ello, más allá de las palabras habladas, la consignación escrita de las idealidades libera el sentido de todo *hic et nunc* de modo que, leyendo, podemos reactivar las idealidades más remotas[108].

---

[106] Esta expresión la utiliza Hyppolite en el contexto de una discusión a raíz de la ponencia del padre Van Breda intitulada "La reducción fenomenológica", recogidas ambas en A.A. V.V., *Husserl. Tercer Coloquio Filosófico de Royaumont*, Paidós, Buenos Aires, 1968. Dicha expresión aparece en la página 282.

[107] Derrida, J., *Introducción a "El origen de la geometría" de Husserl*, pág. 85.

[108] En virtud de la importancia de la escritura en la constitución de las objetividades, Derrida atribuye cierto papel privilegiado a la investigación psicoanalítica más allá de su consideración como ciencia regional, pues "en tanto ella atañe a la constitución originaria de la objetividad y del valor del objeto –de los *buenos* y de los *malos* objetos como categorías que no se dejan derivar de una ontología formal teórica y de una ciencia de la objetividad del objeto en general–", y

Parece pues que si la ocultación de lo empírico era lo que abría la posibilidad del sentido, ahora lo empírico "vuelve" apareciendo como condición necesaria. La muerte de lo empírico posibilita el aparecer pero, a su vez, sólo lo empírico permite la *permanencia* de lo ideal en la ausencia del "acto ideatorio". La desaparición de lo empírico abre la objetividad (aquello pensable por todo sujeto), y sólo la idealidad puede ser transmitida, pero, al mismo tiempo, sólo la escritura empírica propicia: a) la posibilidad de la aparición y no-desaparición de la verdad, en tanto la consigna para poder llegar a todo sujeto, permitiendo así una historia de la verdad; b) la posibilidad de la desaparición de la verdad: por un lado, en tanto signo, cabe la posibilidad de no re-activar el sentido originario y que nos quedemos en las palabras "huecas", en meros formalismos; por otro lado, por su desaparición física (por ejemplo, en el incendio de la "biblioteca universal").

Por la parte del sujeto ocurre correlativamente lo mismo. Se accede a la vida trascendental "dejando atrás" al sujeto empírico. Un índice de esto es, a nuestro juicio, precisamente el dualismo de Descartes, que *pudo* deshacerse del cuerpo y de su vida empírica no por casualidad, por una "opción" o por lo que se llama simplemente un "prejuicio", sino porque en el acto *cogito* está estructuralmente indicada la muerte de lo empírico (algo similar a lo que veremos más adelante[109] ocurre en el fenómeno del "oírse-hablar" y la "reducción automática" del cuerpo del significante; operaciones ambas dependientes por tanto del fonologocentrismo). Pero, ¿quién "sostiene" esa vida

---

"en la medida en que la constitución de la objetividad ideal debe esencialmente pasar por el significante escrito, ninguna teoría de esta constitución tiene el derecho de descuidar las cargas de la escritura. Estas conservan no sólo una opacidad en la idealidad del objeto, sino que permiten la liberación de esta idealidad. Otorgan la fuerza sin la cual una objetividad en general no sería posible" (Derrida, J., *De la gramatología*, págs. 117-19).
[109] Ver *Infra,* parágrafo 2.4.

trascendental cuando no realiza dichos actos? La posibilidad de la repetición del *cogito* viene dada por la "permanencia" de un sujeto empírico si bien, asimismo, aquél requiere la muerte de éste para pensarse en su pureza. Es de suponer que el "peligro" (y con esta palabra designamos siempre la *valoración* de Husserl) correlativo respecto al sujeto radica en: por un lado, que no vayamos hasta la raíz originaria de los actos y nos quedemos en un psicologismo o en una filosofía de "imágenes" o "estados mentales" fácticos; por otra parte, la muerte física de los sujetos (por ejemplo, en la extinción apocalíptica de la especie).

Así pues, podemos reconocer un signo escrito por la idealidad de su significante, pero su cara física, su materialidad, su exposición al mundo y a lo accidental, implica o remite necesariamente a la *posibilidad* de su desaparición. Del mismo modo, la presencia, el aparecer del *yo* en el *yo soy* (o sea, en *actos* de tipo *cogito*) comporta la *posibilidad necesaria* de la *muerte* de dicho sujeto, remite "sigilosamente" a su finitud. En otras palabras, no habría yo trascendental si no hubiese un yo empírico que le sirviese de *soporte* (con lo que el sujeto empírico se convierte en *condición* (¿trascendental!) de la idealidad –como repetibilidad–), pero esta condición de posibilidad se convierte en condición de imposibilidad de la presencia *pura* al requerir, en la formación de la idealidad, la *posibilidad* de la muerte, de la ausencia del yo empírico. A la vida trascendental sólo puede accederse desde un *acto* del yo empírico (que se "trasciende" así a sí mismo), pero dicha vida trascendental no sería lo que es si ese *acto* no pudiese ser repetido virtualmente hasta el infinito por otros yoes empíricos (finitos) después de la desaparición de aquél.

Esto no quiere decir que se nivelen el ámbito empírico y el ámbito trascendental en una confusa indistinción, sino que se trata de eliminar determinada concepción "acrítica" de lo ideal[110]. Lo que esta estructura muestra es que lo trascendental

---

[110] En general, creemos que lo que Derrida intenta es mostrar la "ingenuidad" de Husserl al afirmar que "[las unidades ideales] for-

"puro" sólo vivía de la *borradura de la huella*, es decir, del alejamiento de lo empírico como lo exterior que sin embargo lo "contaminaba", dejando su *sello* en él, desde su origen. En palabras de Derrida: "El movimiento que conduce desde el *Yo soy* a la determinación de mi ser como *res cogitans* (como inmortalidad, pues) es el movimiento por el que el origen de la presencia y de la idealidad se sustrae en la presencia y la idealidad que aquel hace posibles"[111]. Sustracción del origen, *movimiento*, diferencia entre lo finito y lo infinito, que muestra que la diferencia entre lo trascendental y lo empírico no tiene como "fundamento" más que el diferir de ambos términos entre sí, del primero en el segundo y del segundo en el primero, y que el uno no es más que el otro diferido, difiriendo, puesto en diferencia. Esta diferencia de la presencia, de la Idea que queda siempre *esencialmente* "aplazada", es, podemos decir, infinita. Pero, en tanto su aparecer no es posible más que en la repetición *aquí y ahora*, en la relación-comparación con mi muerte, dicho "aparecer" de la diferencia es finito. Por ello, Derrida puede afirmar con aparente contradicción que *la diferiencia infinita es finita*, esto es, que, "más vieja" que ellos, no se reduce a ningún término de oposición (finitud / infinitud; ausencia / presencia; empírico / trascendental, etcétera).

Por otra parte, y volviendo a lo que mencionábamos más arriba, la borradura de la distinción entre el uso ficticio o "representado" y el uso efectivo del signo no puede ahora dejar de tener efectos, *correlativamente*[112], para los actos del sujeto

---

man un conjunto —ideal y cerrado— de objetos genéricos, a los cuales les es *accidental* el ser pensados y expresados" (Husserl, E., *Investigaciones lógicas*, I, 4, § 35, pág. 291. Subrayado nuestro).
[111] Derrida, J., *La voz y el fenómeno*, pág. 105.
[112] Aunque Derrida no lo mencione expresamente, suponemos que en todo esto se revela de modo paradigmático la tesis de Luis Sáez Rueda (Sáez Rueda, L., *El conflicto entre continentales y analíticos*, Crítica, Barcelona, 2002, pág. 248) según la cual en el "pensamiento de la diferencia" sigue funcionando, pero difluyendo en sus polos, el "a

hablante. Husserl suponía que en el soliloquio uno simplemente se representa imaginariamente como un sujeto que se habla y se comunica signos representados. Pero igual que hemos visto que la representación (en virtud de la estructura de repetición del signo) se encuentra también en el lenguaje efectivo de un modo no accidental sino constituyente, en la comunicación efectiva, al hablar, esto es, en los *actos de habla* reales, no podemos menos que representarnos a nosotros mismos como sujetos que hablan (y hablar es siempre hablar *a*), pues, además de emisores, también somos receptores de nuestro propio discurso. La representación no es tampoco un criterio válido para diferenciar los actos de habla efectivos respecto a los actos de habla ficticios o imaginarios.

Si Husserl ignora esto es porque piensa que no tendría ningún sentido darnos signos a nosotros mismos para comunicarnos nuestras propias vivencias. "Al ser la vivencia inmediatamente presente a sí en el modo de la certeza y de la necesidad absoluta, la manifestación de sí mismo a sí mismo por la delegación o la representación de una señal es imposible porque superflua"[113]. Carecería por completo de *finalidad* informarnos de aquello que vivimos en la proximidad más absoluta del *instante*. La presencia a sí en la unidad indivisa del presente temporal aseguraría la posibilidad de una intuición originaria de "la cosa misma", es decir, la no-significación como "principio de los principios"[114]. Es pues la concepción del tiempo como (a partir del) *presente*, en tanto origen y fundamento último de la presentación de la presencia, lo que dirige las "distinciones esenciales" que organizan y posibilitan el discurso fenomenológico.

---

priori de correlación" husserliano. En todo caso, es una hipótesis sobre la que trabajamos y que subyace en toda nuestra exégesis.
[113] Derrida, J., *La voz y el fenómeno*, pág. 109.
[114] Ver *Supra,* nota 11.

2.3 La temporalidad y la huella

Pensar el tiempo a partir del presente no es algo que la fenomenología concluya o "decida" sino que marca la recepción de una herencia (a pesar de la intención expresa de la ausencia de prejuicios), sellando con ello su pertenencia a la historia de la filosofía como historia de la metafísica de la presencia. La presencia ha sido desde sus inicios el aire de la respiración filosófica o, al menos, la promesa, el *télos* al que la filosofía ha aspirado. *Empirismo*[115] es el nombre que ésta ha dado a todo aquello que amenazaba con sustraerle su medio vital. Nombrándolo como *no-saber* (pues el saber es saber *de* y *del* derecho, de la ley), como postura incapaz de fundamentar su discurso, la filosofía ha asumido en sí y ha sumido bajo sí a su contrario. Un pensamiento que pretenda cuestionar la primacía de la presencia y del tiempo como presente, como la postura derridiana, no puede ser por tanto una mera *filosofía* de la no-presencia u otro empirismo. De hecho, Derrida piensa que el empirismo "sólo ha cometido una falta: la falta filosófica de presentarse como una filosofía"[116]. Por consiguiente, al no cuestionar sino la *simplicidad* del ahora-presente, al *no oponer* a la presencia pura una ausencia *pura*, al intentar pensar la ausencia *en* la presencia, su radical imbricación o "contaminación", la obra derridiana se desliza siempre por el límite (por su cara exterior *y* por su cara interior), bajo el peligro constante de perder el sentido y aparecer ininteligible para la filosofía[117].

---

[115] Ver *Supra*, nota 53.
[116] Derrida, J., "Violencia y metafísica", *loc. cit.*, pág. 206.
[117] "No hay, por otra parte, ninguna objeción posible, en el interior de la filosofía, con respecto a este privilegio del ahora-presente. Este privilegio define el elemento mismo del pensamiento filosófico, es la *evidencia* misma, el pensamiento consciente mismo, rige todo concepto posible de la verdad y del sentido. No se puede sospechar de él sin comenzar a enuclear la consciencia misma desde un afuera de la filosofía que quite toda *seguridad* y todo *fundamento* posibles al discur-

En el caso del ahora-presente, tal y como funciona en el pensamiento de Husserl, la lectura derridiana va a llevar dicho concepto hasta el punto en que se muestre que sólo puede cumplir su función si no es lo que pretende ser. Este movimiento, este proceso es lo que mienta la ya celebérrima palabra *deconstrucción*. En las complejas y finas descripciones de las *Lecciones de fenomenología de la conciencia interna del tiempo*, la *puntualidad* del ahora *(stigmé)* juega un papel primordial en tanto "punto fuente" de la temporalidad. Esta idea de "punto fuente" como centro inamovible remite en la fenomenología a la idea de presencia originaria, de "comienzo absoluto", de *principium*. El "punto fuente" es para Husserl "*una forma que permanece para una materia siempre nueva*"[118]. El dominio del ahora (en tanto que permanencia de una forma) está en consonancia con la oposición *forma-materia* (*acto-potencia*) de la metafísica clásica, así como continúa la metafísica moderna de la presencia como consciencia de sí[119]. Sin embargo, hay algo en las mismas descripciones de Husserl que pone en tela de juicio la presencia, la *permanencia* del ahora-presente, ya que la presencia del presente,

---

so. Y es en torno al privilegio del presente actual, del ahora, donde se juega, en última instancia, este debate, que no puede parecerse a ningún otro, entre la filosofía, que es siempre filosofía de la presencia, y un pensamiento de la no-presencia, que no es, por fuerza, su contrario, ni necesariamente una meditación de la ausencia negativa, incluso una teoría de la no-presencia *como* inconsciente" (Derrida, J., *La voz y el fenómeno*, pág. 116).

[118] Husserl, E., *Ideas relativas a una fenomenología pura y una filosofía fenomenológica I*, § 81.

[119] Esto último se revela en el rechazo de Husserl a admitir el "retraso" en el llegar a ser consciente de un "contenido inconsciente" (ver Husserl, E., *Lecciones de fenomenología de la conciencia interna del tiempo*, Apéndice IX, págs. 142-143), con lo que parece que el lugar idóneo para confrontar una fenomenología de la consciencia con un pensamiento de la no-consciencia (por ejemplo, el psicoanálisis) es el concepto de tiempo (ver Derrida, J., "Freud y la escena de la escritura", *loc. cit.*).

esa "punta" de tiempo, tiene como condición de su aparecer el que esté *"encadenado" continuamente* a una no-presencia: la retención (del pasado) y la protención (del futuro).

Estos dos términos husserlianos pretenden poner en cuestión el concepto de tiempo "objetivo" o lineal como "serie de ahoras". Si el tiempo de la conciencia no consistiese más que en el sucederse continuo de "estados mentales" (o fisiológicos) a través de un punto fijo y cerrado (el presente), entonces no tendríamos modo de saber, por ejemplo, si esto que se (re)presenta ante la conciencia corresponde a un recuerdo o no. Al no haber nada en el propio "estado mental" que remita a un acontecimiento "anterior" (pues de hecho, *ahora* lo percibo, me es *presente*) yo no podría reconocerlo como tal (como anterior) si no tuviese ya, por otro lado, el *sentido* de pasado, esto es, si mi presente no estuviese, de algún modo, abierto a él. "Si no tuviésemos el pasado más que bajo la forma de recuerdos expresos, a cada instante sentiríamos la tentación de evocarlo para verificar su existencia, como el enfermo del que habla Scheler y que se volvía para asegurarse de que los objetos seguían estando allá de veras... cuando nosotros los sentimos detrás nuestro como una adquisición irrecusable"[120]. Así pues, para Husserl el presente no es un punto discreto, clausurado sobre sí, sino que, "extendiéndose", es siempre ya una apertura[121] en sendas "direcciones" intencionales[122], hacia el

---

[120] Merleau-Ponty, M., *Fenomenología de la percepción*, pág. 426.

[121] "(...): lo que llamamos conciencia originaria, impresión o también percepción, es un acto que constantemente declina o se gradúa. (...) es de la esencia de las vivencias el que tengan que existir extendidas de este modo, el que una fase puntual nunca pueda existir por sí" (Husserl, E., *Lecciones de fenomenología de la conciencia interna del tiempo*, § 19, pág. 68).

[122] Este tipo de intencionalidad no es aquella de la que venimos hablando, esto es, una "intencionalidad de acto" correspondiente a la consciencia tética de un objeto, sino que la intencionalidad implicada aquí es la denominada "intencionalidad "operante"" *(fungierende*

pasado y hacia el futuro. Estas intencionalidades son las que Husserl denomina "retención" (o "recuerdo primario") y "protención" (o "expectativa primaria"), y constituyen el sentido "originario" de la conciencia del pasado y del futuro respectivamente (frente a las cuales toman su sentido el recuerdo y la "proyección" como modos "derivados"). Por otro lado, la constitución del presente, de un nuevo presente, no se produce más que en la "corriente" temporal, en el "hundimiento" del presente actual hacia la retención al mismo tiempo que la protención adviene hacia el presente: el nuevo presente, el ahora viviente como fuente perceptiva absoluta, *es* este flujo que retiene lo "ya *no presente*" y protiene lo "aún *no presente*" *diferenciándose* de ambos.

Husserl no ve en esto ningún problema, pues cree haber demostrado la irreductibilidad o separación esencial entre la re-presentación como *Vergegenwärtigung* y la percepción presentativa *(Gegenwärtigung)*, entre el recuerdo secundario y reproductivo y el recuerdo primario o retención. De hecho, Husserl, atendiendo más a la diferencia existente entre la retención y la reproducción que a la habida entre retención y percepción, afirma que la retención es también una percepción[123] (pero, sin ninguna duda, absolutamente peculiar pues se trata de la presentación de un no-presente, de un pasado como modificación

---

Intentionalität) por Husserl y Merleau-Ponty, así como "trascendencia" por parte de Heidegger, y es aquella que, subyaciendo a la intencionalidad de acto, la posibilita (al menos para los dos últimos). Por ejemplo, Heidegger escribe: "La intencionalidad presupone la transcendencia específica del Dasein pero la transcendencia no puede ser explicada, a la inversa, a partir del concepto de intencionalidad tal como hasta aquí ha sido concebido usualmente" (Heidegger, M., *Los problemas fundamentales de la fenomenología*, Trotta, Madrid, 2000, pág. 219).

[123] "Pero si llamamos percepción al *acto en que todo "origen" se halla*, al acto que *constituye originariamente*, entonces el *recuerdo primario* es *percepción*" (Husserl, E., *Lecciones de fenomenología de la conciencia interna del tiempo*, § 17, pág. 63).

del presente). Podemos pues decir sumariamente que, para él, el análisis del tiempo simplemente ha "extendido" los límites del campo de presencia o, con García-Baró, "que la estructura retención-percepción-protención está toda en el puro presente"[124]. Ahora bien, el mismo Husserl se había desdicho al escribir que si nos fijamos en "las diferencias en el modo de darse con que comparecen los objetos temporales, lo opuesto a la percepción es entonces el recuerdo primario y la expectativa primaria (retención y protención)"[125]. Por tanto, si nos atenemos a *lo dado* (esto es, a *la* prescripción de la fenomenología), la diferencia entre retención (recuerdo primario) y reproducción o representación (recuerdo secundario) ya no sería la diferencia entre percepción y no-percepción, sino que se revela como la diferencia entre dos *modificaciones* de no-percepción, entre dos "especies" del mismo "género". Las consecuencias de esto son inmensas ya que, si entre el ahora-presente y la retención hay una *continuidad* que *posibilita* la percepción del "puro ahora" (pues ningún ahora puede ser aislado como puntualidad pura), desde el momento en que el recuerdo "primario" se revela como no-percepción, como representación, hemos de admitir a lo otro en la identidad consigo del "punto fuente", del *instante*. Encontramos así la no-presencia en el *origen* de la presencia, la no-percepción en la *constitución* de la percepción, y esto no de un modo casual, accidental, sino que esta "relación con la no-presencia, una vez más, no viene a sorprender, rodear incluso disimular la presencia de la impresión originaria: permite su surgimiento y su virginidad renaciente siempre. Pero destruye radicalmente toda posibilidad de identidad consigo mismo en la simplicidad"[126]. Si el recurso a la presencia a sí (transparente y simple, en la puntualidad del *instante*) representaba para Husserl la *evidencia* última que sus-

---

[124] García-Baró, M., *Vida y mundo*, Trotta, Madrid, 1999, pág. 272.
[125] Husserl, E., *Lecciones de fenomenología de la conciencia interna del tiempo*, § 16, pág. 61.
[126] Derrida, J., *La voz y el fenómeno*, pág. 119.

tentaba su argumento de la inutilidad del signo en la relación consigo, una vez deconstruida, la necesidad de éste (que recordemos, liga una "actualidad" –aquí, una percepción– a una "inactualidad" –aquí, dos no-percepciones, retención y protención–) ya no tiene contestación posible.

El texto que anteriormente hemos citado de Husserl continúa: "Con lo cual percepción y no percepción están continuamente desembocando la una en la otra. En la conciencia de captación directamente intuitiva de un objeto temporal –de una melodía– se percibe el compás o el sonido o la fracción de sonido que oigo ahora, y no se percibe lo que en este momento intuyo como pasado. Las aprehensiones están aquí continuamente desembocando unas en otras y terminan en una aprehensión que constituye el ahora pero que es sólo un *límite ideal* [subrayado nuestro. N. M.]. (...) Una continuidad en todo semejante a ella pero sin este límite ideal es un mero recuerdo. En sentido ideal sería entonces percepción (impresión) la fase de conciencia que constituye el puro ahora, y recuerdo toda otra fase de continuidad. Pero esto no es más que un límite ideal, algo abstracto que nada puede ser por sí. Y además sigue siendo cierto que este ahora ideal tampoco es algo *toto coelo* distinto del no-ahora, sino que de continuo entra en mediación con él. A lo que corresponde el tránsito continuo de la percepción a recuerdo primario". Este límite ideal, ¿no es precisamente una *idea límite*, una Idea infinita en sentido kantiano de la que decíamos más arriba que Husserl trae a colación en los momentos difíciles de la descripción? Dicha Idea regulativa, que para Husserl posibilita la permanencia del Presente Viviente unificando el "flujo" temporal, hemos visto que es diferida hasta el infinito, y que no vivía más que de la borradura de la diferiencia respecto a lo finito. Del mismo modo que el *cogito*, en su idealidad, sólo podía constituirse en la referencia a la posibilidad de *otros* actos similares (*ya* o *todavía* ausentes), el presente sólo puede aparecer si conserva en él la *marca* de la desaparición, de la ausencia de otros presentes ya sidos o por ser.

De hecho, es precisamente esta desaparición lo que posibilita el aparecer. Pero, y esto es importante, no es una desaparición *absoluta*, lo cual impediría la posibilidad de la retención, de su retorno o su repetición, "encerrando" al presente sobre sí e imposibilitando lo que llamamos "conciencia". De algún modo, lo que "se va", lo que "se hace otro", (*se*) *da* (en) su ausencia, deja su *rastro*, se graba, se inscribe, se *escribe*, esto es, "queda" en y más allá de su muerte. Se ofrece, paradójicamente, como el fenómeno de cierta no-fenomenalidad y, de hecho, como apunta Derrida, "lo que quiere decir "otro" es la fenomenalidad como desaparición"[127]. Este modo de "quedar" (*rester*), que no es el de una substancia, es lo que Derrida llama "*restancia*"[128] (*restance*), y corresponde al lábil modo de "constar" o "quedar registrado" (actividades escriturales) de lo ausente que, en el fondo, sabemos que nunca fue (es, será) *completamente* presente (al estar constituido del mismo modo cuando fue "presente"). Y es que, por un lado, la forma ideal del presente implica que pueda ser repetida o, aún más en el caso de la temporalidad, que no es más que ese continuo repetirse constantemente. Pero esta posibilidad de repetición no puede por menos, como venimos señalando, que remitir a lo ausente en lo "presente" y a la propia desaparición posible de éste, a su finitud. La identidad del presente en su idealidad queda así diferida por la *restancia* en ella de la marca de la alteridad "au-

---

[127] Derrida, J., "Violencia y metafísica", *loc. cit.*, pág. 174.
[128] Como otras tantas palabras del discurso derridiano, "*restance*" ofrece muchas dificultades al traductor. (ver *Supra,* Prólogo). Dicha expresión intenta evitar el término "permanencia" que viene asociada a términos como "subsistencia" o "inmutabilidad". Searle, por ejemplo, parece no percatarse de dicho matiz en su crítica a Derrida (en Searle, J. R., "Reiterating the Differences: A Reply to Derrida", *Glyph*, 1 (1977); ver Derrida, J., "Limited Inc, a b c...", *loc. cit.*, págs. 100-06). En tanto esta *restance* está asociada a la repetibilidad, o mejor dicho, a la *iterabilidad*, esperamos que se vaya aclarando según avance la exposición.

sente"; *resto* que, dicho con rigor, impide cualquier presencia *pura*, incontaminada, *limpia* (*propre*), cualquier esfera hermética de lo propio, de lo proprio (*propre*).

Este *ser-complejo*[129] radical que conlleva un análisis interminable[130], esta "mixtura" *necesaria* de presencia y ausencia en el origen es lo que Derrida llama la *traza* o la *huella* (*trace*). La huella es impensable bajo la lógica de la identidad, pues en el momento en que se instala la alteridad en el aparecer de lo idéntico, éste sólo puede acontecer de un modo no-simple, *desdoblado*, no-idéntico. Si el "origen" no puede ser lo que es más que si lo llamado "secundario", lo no-originario, es tan originario como lo originario, entonces el valor de *arquía* queda radicalmente trastocado: la des-presentación es tan "originaria" como la presentación. Por consiguiente, la huella, indecidibilidad de la oposición presencia-ausencia, es más "vieja", más originaria que la originariedad fenomenológica. Pero con ello Derrida no apela a un nuevo origen o fundamento, ni siquiera de modo negativo o en la forma de un *Ab-grund*[131]: "La huella no sólo es

---

[129] Derrida, a propósito de Valéry, denomina *implexo* a esta complicación del origen: "lo que no puede ser simple. Señala el límite de toda reducción analítica al elemento simple del punto. Implicación-complicación, complicación de lo mismo y de lo otro que no se deja deshacer nunca, divide o igualmente multiplica al infinito la simplicidad de toda fuente, de todo origen, de toda presencia" (Derrida, J., "Qual quelle. Les sources de Valéry" en ídem, *Marges*, pág. 360 –trad. esp. pág. 343–).

[130] "Si por hipótesis absurda hubiera una y sólo una desconstrucción, una sola *tesis* de "La desconstrucción", ella tendría divisibilidad: la diferencia como divisibilidad" (Derrida, J., "Resistencias" en ídem, *Resistencias del psicoanálisis*, Paidós, Buenos Aires, 1998, pág. 54).

[131] Independientemente del acierto del resto de su análisis, ésta parece ser la opinión, errada a nuestro juicio, de Giorgio Agamben cuando afirma que "si debemos ciertamente rendir homenaje a Derrida como al filósofo que ha identificado con más rigor –desarrollando el concepto levinasiano de rastro y el heideggeriano de diferencia– el estatuto original del *grámma* y del significante en nuestra cultura, es ver-

la desaparición del origen; quiere decir aquí [...] que el origen ni siquiera ha desaparecido, que nunca fue constituido salvo, en un movimiento retroactivo, por un no-origen, la huella, que deviene así el origen del origen"[132]. En esta "originariedad de la huella" han querido ver algunos (como Habermas[133]) que Derrida sigue enredado en el fundamentalismo de la filosofía primera y que más que salir de la filosofía del sujeto, ha pro-

---

dad también que creyó haber abierto de este modo la vía para la superación de la metafísica (...). La metafísica es siempre ya gramatología y ésta es *fundamentología*, en el sentido de que al *grámma* (a la Voz) incumbe la función de fundamento ontológico negativo [*sic!*]" (Agamben, G., *El lenguaje y la muerte*, Pre-Textos, Valencia, 2003, pág. 71). Esto último es *precisamente* lo que Derrida intenta evitar por todos los medios, esto es, dicho rápidamente, el discurso onto-teológico. Por otro lado, una "gramatología" no es lo que (pr)opone frente a una "fonología" insuficiente. De hecho, comentando cierta "mala fe" de Lacan respecto a dicha expresión, Derrida dice: "*De la grammatologie* era el título de un artículo y de un libro que (...) nunca propuso una gramatología, alguna ciencia o disciplina positiva que llevara ese nombre, sino que se esforzó en demostrar, al contrario, la imposibilidad, las condiciones de imposibilidad, el absurdo de principio de toda ciencia o filosofía que llevara el nombre de gramatología. Ese libro que trataba *de la gramatología* era todo menos una gramatología" (Derrida, J., "Por el amor de Lacan" en ídem, *Resistencias del psicoanálisis*, pág. 80).

[132] Derrida, J., *De la gramatología*, pág. 80.

[133] Ver Habermas, J., "Sobrepujamiento de la filosofía primera temporalizada: crítica de Derrida al fonocentrismo", *loc. cit.* Sin duda esta crítica, publicada originalmente en 1985, desconocía las protestas de Derrida, publicadas ¡trece años antes!, cuando preguntaba: "¿no he repetido incansablemente – y diré que hasta demostrado – que la traza no era ni un fondo, ni un fundamento, ni un origen, y que en ningún caso podía dar lugar a una onto-teología manifiesta o disfrazada? (...) esta confusión (...) consiste en volver contra mis textos unas críticas de las que se olvida solamente que en principio se las ha encontrado en ellos y tomado prestadas" (Derrida, J., "Posiciones", *loc. cit.*, pág. 68).

fundizado en sus mismas cuestiones más hondamente y las ha situado en un "nuevo poder originario fluidificado en tiempo". Pero afirmar esto es no querer leer aquello que implica la huella y la complicación que ésta introduce en el origen. La huella no es una presencia, es el *empiezo* (comienzo / impedimento) de toda presencia. La expresión "archi-huella" no es siquiera un oxímoron en el que estuviesen, por un lado, el concepto de origen y, por otro lado, como su contrario, el concepto de huella como lo no-originario, de modo que se uniesen *a posteriori* (por ejemplo, un "silencio atronador" sigue siendo un silencio). La expresión "*el origen es* la huella" sólo puede afirmarse bajo tachadura, es decir, diciendo al mismo tiempo: 1) que no hay *el* origen, el origen *uno*, simple; 2) que, por tanto, no hay *origen*, acontecimiento inaugural, primera vez; y 3) que si la huella es (bajo tachadura) el origen, entonces el origen no *es, no existe*, es decir, no se somete a ninguna ontología[134] (que siempre es ontología de la presencia, discurso sobre *lo que es*). Ciertamente Derrida afirma que para extraer el concepto de huella del esquema clásico es *necesario* hablar de huella *originaria*

---

[134] "Pero ante todo el problema del origen se confunde con el problema de la esencia. (...). La huella *no es nada*, no es un ente, excede la pregunta *qué es* y, eventualmente, la hace posible" (Derrida, J., *De la gramatología*, pág. 98). No obstante, de dicho *exceso* no se sigue un rechazo simple de cualquier ontología por parte de un pensamiento de la huella sino que, como afirma Patricio Peñalver, "la desconstrucción *de* la ontología requiere que aquélla *entre* en el círculo o en el campo conceptual y problemático del pensamiento ontológico, o que habite las estructuras de éste. (...). De donde que la expresión más usual en estos parajes, pero también más equívocamente negativista, "desconstrucción de la ontología", debiera acaso traducirse, entenderse, o trasformarse, en una forma expresiva, más dinámica y afirmativa, abierta en cualquier caso a la constitutiva *pluralidad* en juego, y al *devenir*, y al *porvenir*: *ontologías en desconstrucción*" (Peñalver, P., "Ontologías en desconstrucción", *loc. cit.*, pág. 277).

o de *archi*-huella[135]. "No obstante, sabemos que este concepto destruye su nombre y que, si todo comienza por la huella, no hay sobre todo huella originaria"[136].

Ahora bien, es muy común entre los "críticos" interpretar esta pérdida[137] de "suelo", de fundamento originario, como una destrucción negativa o nihilista (algo, dicho sea de paso, que sólo puede afirmarse desde alguna "nostálgica" pretensión metafísica[138] u onto-teológica) sin reparar en su "potenciali-

---

[135] Hay que recordar siempre la necesidad de mantenerse de un cierto modo en el *interior* de la metafísica y de usar sus propios conceptos, sus "viejos nombres" contra ella (lo que da lugar a lo que Derrida llama la *paleonimia*): "Pues, para evitar que la crítica del originarismo (...) ceda el lugar (...) al empirismo o el positivismo, había que hacer lugar, de manera aún más radical, (...) a la ley misma de lo que venía a ser desconstruido: de allí los conceptos imposibles, los cuasiconceptos, los conceptos que he denominado cuasitrascendentales, como la archihuella o la archiescritura, lo archioriginario más "antiguo" que el origen" (Derrida, J., "Resistencias", *loc. cit.*, pág. 49).

[136] Derrida, J., *De la gramatología*, pág. 80.

[137] Claro que, como apuntaba Derrida más arriba, no es correcto hablar de "desaparición" o de "pérdida", sino que más bien habría que referirse al mito del origen, al concepto de origen como "el mito de la cancelación de la huella, es decir, de una diferencia originaria que no es ni ausencia ni presencia, ni negativa ni positiva." (*Ibíd.*, págs. 211-12).

[138] Y es que "sólo el infinito-positivo puede suprimir la huella, "sublimarla" (...). No se debe hablar, por lo tanto de "prejuicio teológico", que funciona aquí o allá cuando se trata de la plenitud del logos: el logos como sublimación de la huella es *teológico*" (*Ibíd.*, pág. 92). Así, por ejemplo, la postura (por otra parte, y en su nivel, consecuente) que sostiene George Steiner cuando, asumiendo que "la cara inteligible del signo permanece dada vuelta hacia el lado del verbo y de la cara de Dios" (*Ibíd.*, pág. 20), afirma que "*en sus propios términos y planos de argumentación* (...), el desafío de la desconstrucción me parece irrefutable" pero que, sin embargo, "cualquier comprensión coherente de lo que es el lenguaje y de cómo actúa, que cualquier explicación coherente de la capacidad del habla humana para

La escritura del sigilo

dad"¹³⁹ positiva, en lo que la huella posibilita. "Desde el origen, en el "presente" de su primera impresión, aquéllas [las huellas] se constituyen por medio de la doble fuerza de repetición y de desaparición, de legibilidad y de ilegibilidad. Una máquina para dos manos, una multiplicidad de instancias o de orígenes, ¿no es eso la relación con lo otro y la temporalidad

---

comunicar significado y sentimiento está, en última instancia, garantizada por el supuesto de la presencia de Dios" (Steiner, G., *Presencias reales*, Destino, Barcelona, 2001, págs. 163 y 14, respectivamente). Ahora bien, en la defensa de este *postulado* de trascendencia (*esperanza*, en última instancia indemostrable, común a Kant y a la hermenéutica de corte gadameriano – ver *Infra*, nota 164 –), Steiner supone que en la deconstrucción hay una apuesta radical por la inmanencia (algo que la llevaría a afirmar un presunto "positivismo"). Sin embargo, esperamos estar mostrando cómo, a nuestro entender, en la deconstrucción (al menos en la más rigurosa, esto es, la derridiana) lo que se pone en cuestión es la *pureza* de estas distinciones, es decir, la existencia tanto de una trascendencia como de una inmanencia *absolutas*. En otras palabras, se pregunta por el hecho que *lo mismo* pueda "ir" hacia *lo otro*, así como por la posibilidad y el estatuto de la aparición de *lo otro* en *lo mismo*.

Otra cosa es que lo que Steiner identifica como un "positivismo" pueda calificarse mejor como un cierto "materialismo", algo que en el fondo puede leerse bajo el concepto de *restancia* (como el modo de "quedar" de la huella; como *resto*, residuo de la operación sustractiva; como lo que "resiste" en virtud de su res(is)tancia) y que el propio Derrida admite: "Pero la teoría del texto, tal como junto a otros yo la entiendo, es *materialista*, si por materia no se entiende una presencia sustancial, sino lo que resiste a la reapropiación, que siempre es idealista. (...); la marca escrita no es la marca sensible, la marca material, pero es algo que no se deja idealizar o reapropiar" (Derrida, J., "En el límite de la traducción" en ídem, *No escribo sin luz artificial*, pág. 43).

¹³⁹ Entrecomillamos "potencialidad" en tanto la huella no es ni una acción ni una pasión, no es más una potencia que una patencia. "Más vieja" que dichas oposiciones, la huella "es" *tanto* la fuerza de inscripción *como* la superficie de impresión, es decir, que *no es*, en un juego difícil de pensar, *ni* lo uno *ni* lo otro.

originarias de la escritura, su complicación "primaria": espaciamiento, diferencia y desaparición originarias del origen simple, polémica desde el umbral de lo que se sigue llamando obstinadamente la percepción? (...). Pero es que la "percepción", la primera relación de la vida con su otro, el origen de la vida había preparado ya desde siempre la representación. Hay que ser varios para escribir, y ya incluso para "percibir""[140]. Así pues, la huella es la condición de posibilidad de la repetición, de la representación en general y por tanto de la idealidad[141]; es aquello que "inserta" (pero, ¿podemos todavía hablar de un afuera que implante algo en un adentro?) el movimiento de la diferencia en la pura actualidad del ahora, constituyéndola de este modo. Consiguientemente, el movimiento de la temporalidad no puede ser el que "pasa" de un ahora-presente pleno B (constituido por la retención de un ahora-presente pasado A y la protención un ahora-presente futuro C) a otro ahora-presente pleno C (que retiene un ahora-presente pasado B y protiene un ahora-presente futuro D), sino que ha de ser un movimiento de huella a huella difiriendo hasta el límite, asintóticamente, la presencia.

Que la temporización sea el movimiento de (la desaparición de) la huella introduce una complicación que no se deja describir mediante los conceptos de retención y protención, en tanto que ambos pertenecen todavía al concepto lineal de tiempo gobernado por el presente y por la presencia a sí. La imposibilidad para Husserl de admitir la retención de un contenido inconsciente[142] se debe precisamente a su concepción

---

[140] Derrida, J., "Freud y la escena de la escritura", *loc. cit.*, pág. 310.
[141] "*La huella es la diferencia* que abre el aparecer y la significación. Articulando lo viviente sobre lo no-viviente en general, origen de toda repetición, origen de la idealidad, ella no es más ideal que real, más inteligible que sensible, más una significación transparente que una energía opaca, y *ningún concepto de la metafísica puede describirla*" (Derrida, J., *De la gramatología*, págs. 84-85).
[142] Ver *Supra*, nota 119.

del pasado como presencia modificada, como presente-pasado. Pero "este modelo de la sucesividad impediría que un *ahora* X tomara el lugar de un *ahora* A, por ejemplo, y que, mediante un efecto de retardo inadmisible para la conciencia, una experiencia fuese determinada incluso en su presente por un presente que no la habría precedido inmediatamente sino que sería muy "anterior"""[143]. Este "retardamiento" (*Nachträglichkeit*) irreductible u "originario" descubierto por Freud difiere la inversión peligrosa para proteger la vida (que no es algo "anterior" a este diferir), constituyendo de este modo una "reserva" (*Vorrat*): esa alteridad que llamamos "el inconsciente". Pero éste no es lo contrario ni algo que esté "al lado" o "debajo" de lo consciente, así como tampoco podría mentar un "aún no consciente", una consciencia virtual o una presencia potencial[144] sino que, como "fondo *inagotable*" de alteridad que cons-

---

[143] *Ibíd.*, pag. 87.

[144] Derrida se sitúa así en las antípodas de, por ejemplo, Searle cuando afirma que "*la noción de estado mental inconsciente implica accesibilidad a la conciencia.* No tenemos noción alguna del inconsciente excepto como aquello que es potencialmente consciente" (Searle, J. R., *El redescubrimiento de la mente*, Crítica, Barcelona, pág. 160). Por ello Derrida se queda perplejo (con razón) cuando Searle cree leer de un modo "explícito" en "Firma, acontecimiento, contexto" (*Márgenes de la filosofía*) la "ilusión" de que "todas las intenciones deben ser conscientes" (Searle, J. R. "Reiterating the differences: A reply to Derrida", *loc. cit.*, pág. 202). A esta acusación Derrida responde: "Ante esta frase debo reconocer que he puesto los ojos como platos. ¿Había soñado? ¿Leído mal? ¿Traducido mal? (...) allí no sólo se dice que *todas* las intenciones no son conscientes. Allí se dice que *ninguna* "intención" puede ser consciente de parte a parte, plena y actualmente presente a ella misma. (...) Ésta [la teoría actual de los actos de habla] parece incluso construida para tener a distancia la hipótesis de un tal Inconsciente, como un Gran Parásito. Y hablo aquí (...), del Inconsciente que es tratado en el psicoanálisis, no de la inconsciencia como *todavía-no* consciente que parece admitir [Searle]" (Derrida, J., "Limited Inc a b c", *loc. cit.*, págs. 138-39).

tituye toda identidad, impide la reanimación absoluta de cualquier evidencia de una presencia originaria, remitiendo así a un *pasado absoluto*, a un "allí-desde-siempre". Derrida privilegia explícitamente en *De la gramatología* este *pasado absoluto* a fin de destacar su irreductibilidad y la "pasividad" del tiempo. Con esto pone radicalmente en cuestión la posibilidad de reactivación (siempre realizable –sino de hecho, de derecho– para la fenomenología) de un sentido ancestral. Sin embargo, en tanto el inconsciente es "la reserva de repetición –iterabilidad– que hace que un acontecimiento ocurra en su singularidad solamente si la posibilidad de cierta repetición prepara su llegada y su identificación"[145], creemos que el movimiento "hacia el futuro", que asimismo constituye el "presente" y que ya no cabe llamar "protención", presenta similares características que el "movimiento hacia el pasado" o, aún más, está implicado en esa misma "reserva" como "memoria del porvenir". La memoria ya no puede concebirse pues como un conjunto de "registros" sobre presentes-pasados, siempre disponibles en una "recuperación" arqueo o teleológica, sino que está compuesta por huellas, "pero huellas de un pasado que nunca ha sido presente, huellas que en sí mismas nunca ocupan la forma de la presencia y siempre permanecen, por así decirlo, venideras: vienen del futuro, del *porvenir*. La resurrección, que es siempre el elemento formal de la "verdad", una diferencia recurrente entre un presente y su presencia, no resucita un pasado que había sido presente; compromete un futuro"[146]. De este modo se muestra que la (crítica de la) arqueología es solidaria con la (crítica de la) teleología. Así, por ejemplo, escribe atinadamente José Bernal: "(...) el porvenir o –quizás habría que traducir mejor aquí– lo porvenir, no es lo que ocurrirá alguna vez, lo que tendrá un presente de aquí en adelante, sino lo que en

---

[145] Bennington, G., "Derridabase", *loc. cit.*, págs. 160-1.
[146] Derrida, J., "El arte de las memorias" en ídem, *Memorias para Paul de Man*, Gedisa, Barcelona, 1998, pág. 69.

cada caso está por venir, es decir, lo que no llega a venir, lo que se mantiene en el trance de hacerlo, lo que en cada caso es presentemente diferido.(...). En verdad, cualquier pensamiento rigurosamente escatológico (...) no sólo confía en que lo no presente imaginado se volverá enteramente presente, sino además, en que al advenir se revelará coincidente con el que lo había anunciado. Pero, desde el momento en que se conviene que lo que está presente viene a presencia en tanto que remite a lo que aún no se hace presente, a cierta reserva de impresencia; desde ese momento, en su estructura interna queda inscrita la posibilidad –al menos, siempre cabe interrogarse por ella– de que ésta no sea recuperable en ningún presente, de que no tenga tránsito al presente"[147].

Así pues, el presente está constituido o *no es* más que esta *encentadura*[148] por la que "sale" hacia lo otro y por la que lo otro ha entrado desde siempre. Y es que, sin una *dehiscencia*[149], sin una *apertura estructural* en la "puntualidad temporal", ¿cómo podría el ahora-presente quedar *marcado* por la *impronta*, por el *sello* de la huella "retencional" o "protencional"?, ¿cómo *aparecería* la diferencia (y por tanto la posibilidad de "comparación") entre los distintos momentos temporales? Sin esa fractura, sin esa falla, sin esa *brisure* (hendidura / juntura) ¿cómo podría haber nunca una *articulación*? "Sin una retención en la unidad mínima de la experiencia temporal, sin una huella que retuviera al otro como otro en lo mismo, ninguna diferencia haría su obra y ningún sentido aparecería. Por lo tanto aquí no se trata de una diferencia constituida sino, previa a toda determinación

---

[147] Bernal Pastor, J., *op. cit.*, págs. 181-82.
[148] Recordamos que la encentadura (*entame*) es tanto la acción como el efecto de encentar, verbo éste con el doble sentido de "comenzar", "empezar" y de "ulcerar", "llagar", "herir". Ver *Supra*, Prólogo.
[149] Según el Diccionario de la Lengua de la RAE: "**dehiscencia.** f. *Anat.* Apertura natural o espontánea de un órgano. || **2.** *Bot.* Acción de abrirse naturalmente las anteras de una flor o el pericarpio de un fruto, para dar salida al polen o a la semilla".

de contenido, del movimiento *puro* que produce la diferencia"[150]. Movimiento puro (no-empírico) de la diferencia que, *encentando* la identidad simple del *instante*, constituye en la inmanencia pura de la vivencia (la posibilidad de) todas las diferencias y de todo lo que se ha relegado hasta ahora bajo el nombre de indicación, existencia, empiricidad, mediación, etcétera. De este modo, "el presente deviene el signo del signo, la huella de la huella. Ya no es aquello a lo que en última instancia remite toda remisión [*renvoi*]. Se convierte en una función dentro de una estructura de remisión generalizada. Es huella y huella de la borradura de la huella"[151]. La temporalización como diferencia posibilita aquello que prohíbe en su pureza (la presencia a sí, la idealidad, la conciencia como autoafección, la reflexión, etcétera).

En conclusión, podemos decir que la diferencia, la huella, la escritura, la estructura de repetición, etc., diferenciando y "poniendo en contacto" lo *mismo* con "su", con *lo* otro, dividiendo e impidiendo todo "simple", todo *solus ipse*, radicaliza (en tanto muestra su raíz y su posibilidad), desplaza (en tanto, al ser su posibilidad su *límite*, ya no puede ser concebido como hasta ahora) y generaliza (en tanto lo señala como un fenómeno "ubicuo") el concepto de "comunicación" en general, que ya no será una "conexión externa" de presencia a presencia, sino que se da como condición de la constitución de toda "presencia" incluso en la (supuestamente) más arcóntica: el Presente Viviente. Hemos de afirmar pues, con Derrida, que "el encuentro *es* separación"[152], que *nunca* hay encuentro pero que *tampoco* hay *nunca* separación, que no son sino, en una relación económica, el uno *con* y *por* el otro, por lo que hay que pensarlos de otro modo. En este sentido, y como el reverso insepa-

---

[150] Derrida, J., *De la gramatología*, pág. 81.
[151] Derrida, J., "La différance", *loc. cit.*, pág. 25 (trad. esp. pág. 59). "*Renvoyer*" significa también "aplazar", "diferir".
[152] Derrida, J., "Edmond Jabès y la cuestión del libro" en ídem, *La escritura y la diferencia*, pág. 101.

rable de la exigencia *analítica* o crítico-geneo-arqueológica de la *des*-construcción, también hay que afirmar *simultáneamente* un movimiento *sintético*, de "composición" o contragenealógico que hace aparecer la huella como "ligazón (*Verbindung*) irreductible"[153]. No obstante, en tanto que, al igual que cualquier otro, "la comunicación" no es un espacio neutro[154] o aséptico, sino un lugar atravesado *siempre ya* por fuerzas que determinan *actualmente* "la comunicación" como una operación o un terreno presuntamente homogéneo y *continuo*, y cuyas "dificultades" en su realización son vistas, desde la atalaya transparente de su *télos*, como meros accidentes extrínsecos o empíricos solventables *in the long run*, nosotros hemos de acentuar el *sello de lo otro en* la pureza de lo mismo, la *separación en* el encuentro, el *secreto en* la entrega, el *silencio en* la palabra. Por ello proponemos llamar económicamente "*archi-sigilo*"[155] a la posibilidad-imposibilidad de la comunicación (en su acepción común) dentro del espacio de la *escritura* como diferencia o movimiento de la huella, de la marca, del *sello*. Este archi-sigilo, como *reticencia originaria* más acá (o más allá) de la "malicia" y de la ética en general, ya no se puede pensar desde la oposición "comunicación / incomunicación" o desde la oposición "entendimiento / malentendido", pues es la condición de ambas.

2.4 La auto-afección en la voz ("oírse-hablar") y el "espaciamiento" de la archi-escritura

Si veíamos antes que la distinción entre expresión e indicación se difuminaba ante nosotros (a causa de su *representacionalidad* o carácter de representación que constituye a ambas), la teoría husserliana de la significación requiere todavía un análisis ulterior. Husserl no solamente excluye la comunicación indicativa como añadida a la expresión, sino que "reduce" a su

---

[153] Derrida, J., "Resistencias", *loc. cit.*, pág. 47.
[154] Ver *Supra*, capítulo 1.
[155] Ver *Infra*, capítulo 5.

vez la capa expresiva como exterior a una capa previa, pre-expresiva de sentido. Ambos gestos excluyentes tienen un horizonte común: su *télos* es la reducción a la presencia.

De la simplificación que Husserl lleva a cabo respecto a la "vida interior" da fe el ejemplo que propone para apartar la indicación del soliloquio ("Has actuado mal, no puedes seguir así, etc.")[156]. Dicho ejemplo es de orden *práctico*, o sea, que en él el sujeto no se "indica" ni se "da a conocer" nada, no se "informa" de nada a sí mismo (recordemos que la indicación siempre refiere a una "existencia"). Pero de ello no hay que concluir apresuradamente que para Husserl el "discurso interior" (expresivo) sea siempre de orden práctico, sino que, precisamente, si la oración del ejemplo no es indicativa, ello es porque no es ni siquiera expresiva o, lo que es lo mismo, *teórica*, del orden del conocimiento. Y es que Husserl determina la esencia del lenguaje *en general* a partir del enunciado teórico, del *theorein*, es decir, como orientada *teleológicamente* al conocimiento y a partir de oraciones construidas con la *tercera persona* del *presente de indicativo* del *verbo ser*, cuya proposición paradigmática, fundamental y primitiva, es la predicación "S es P". Por tanto, "el "hablarse" que Husserl quiere restaurar aquí no es un "hablarse-de-sí-a-sí", salvo si éste puede tomar la forma de un decirse que S es P"[157]. Ahora bien, por otro lado, para Husserl también la expresión pura no es más que un "medium improductivo" en el que se "refleja" el sentido pre-expresivo. Aunque el reflejo completamente "mimético", el paso totalmente homogéneo del sentido sea algo de hecho imposible, el *télos* de la expresión es manifestar, *presentar* el sentido de una intuición actual en la idealidad de la forma conceptual y universal. La expresión ha de ser un "medium" que resguarde y restaure la presencia del sentido como *proximidad a sí en la interioridad*, pero *simultáneamente*, en virtud de que el sentido es determinado a

---

[156] Ver *Supra,* nota 82.
[157] Derrida, J., *La voz y el fenómeno*, pág. 131.

partir de una relación con el objeto, también como *estar-delante del objeto* disponible para una mirada. Y aquí es donde la voz va a jugar un imprescindible papel en la constitución de la presencia como idealidad.

El objeto ideal es el más objetivo de todos los objetos pues, al no darse en una espacialidad mundana, al no aparecerse "escorado" como los objetos empíricos, al no depender de ninguna síntesis empírica que reúna sus escorzos, su posibilidad de ser traído a presencia es universal e ilimitada. Independientemente de los actos del sujeto empírico, así como del espacio y del tiempo del mundo, un objeto ideal puede ser repetido indefinidamente como el *mismo* por un sujeto no-empírico. Estos actos de repetición los realiza la voz fenomenológica "en el tiempo" (inmanente), apartada de toda síntesis mundana, lo que *aparentemente* garantiza la presencia absoluta del objeto y la *inencentada* presencia a sí de los actos que lo enfocan. En el fenómeno de la voz, el sujeto no ha de salir fuera de sí y parece que es afectado de modo inmediato (esto es, no-mediato) por sus actos. El elemento, el *medium* de la idealidad es por tanto la *voz*. Pero, ¿qué diferencia el fenómeno de la voz respecto al fenómeno de cualquier otro significante, del significante en general? El sentido de "afuera". En el *fenómeno* de cualquier significante no-fónico (por ejemplo, en el grafema –ideal– que no es la marca escrita –empírica–) *se da* una referencia al "espacio", a la exterioridad, al mundo. Ahora bien, esto que *supuestamente* no ocurre en el fenómeno de la voz, se funda en la borradura del cuerpo fenomenológico del significante fónico en el momento mismo de producirse, por lo que da la impresión de que la *phoné* pertenece ella misma al elemento transparente de la idealidad. Se produce entonces una "ilusión"[158]: "Este borrarse del

---

[158] Esta "apariencia" o "ilusión" de la presencia de la verdad se revela como la *verdad* de la presencia. Pero como la oposición verdad-apariencia ha sido sólo pensable en la metafísica a partir del valor de presencia, el nombre de "apariencia" no le conviene. No obstante, no es posible deconstruir la dignidad de la voz "sin internarse, tan-

cuerpo sensible y de su exterioridad es *para la consciencia* la forma misma de la presencia inmediata del significado"[159].

Esta "auto-reducción" del significante fónico da lugar a lo que Derrida denomina la operación del "oírse-hablar". La "reducción espontánea" de lo que de espacial y mundano tiene el fonema hace que la vivencia de mi propio habla me sea completamente interior. Hablar implica esencialmente que me oiga *en el tiempo* en que hablo. En esta "auto-afección" la idealidad hacia la que apuntan mis actos no parece tener que pasar por el mundo, permaneciendo así en la interioridad de la presencia a sí. No es que no se dé "indicación" (pues el significante *muestra* la idealidad), sino que se interioriza y, con ello, se vuelve *disponible, dominable*. Para el hablante en un discurso efectivo o "real" se dan en el presente, como una simultaneidad inseparable, su intención de significación *(Bedeutungsintention)* que anima al significante, la percepción de la forma sensible de los fonemas y la comprensión de su propia intención. Pero es que, además, desde un punto de vista estrictamente fenomenológico "la palabra no es (...) sino la práctica de una eidética inmediata"[160], es decir que, suspendiendo espontáneamente la tesis del mundo, se da como puro fenómeno. Esta relación de la voz y de la idealidad hace del "oírse-hablar" un tipo de auto-afección excepcional por dos razones. La primera razón es que el sujeto puede dejarse afectar por el significante que produce sin salir al mundo, fuera de su esfera de "propiedad". No sólo esta operación se desenvuelve ajena a la exterioridad mundana, sino que es una auto-afección *absolutamente pura*, pues reduce también el "espacio interior" del cuerpo propio donde se dan otras auto-afecciones, por ejemplo, las sinestesias. Por ello, segunda razón, esta acción se produce en el elemento de la universalidad (de la significación universal): se desarrolla *en el mundo* (pues se

---

teando a través de los conceptos heredados, hacia lo innombrable" (*Ibíd.*, pág. 135).
[159] *Ibíd.*, pág. 135. Ver también Derrida, J., *De la gramatología*, pág. 210.
[160] Ya citado. Ver *Supra*, nota 71.

emiten efectivamente sonidos) como auto-afección *pura* (pues, al reducir inmediatamente toda espacialidad, la afección *a sí* no se da en ningún *lugar*). Esta *doble* característica del "oírse-hablar" en la palabra (cualquier otra forma de auto-afección debe pasar por lo no-propio o renunciar a la universalidad) nos hace ver que no es *ni* una operación intra-mundana *ni* una operación trascendental, sino que probablemente es, precediéndola, la condición de posibilidad de dicha oposición y de todo lo que se regula bajo ella[161].

---

[161] Por ejemplo: "Esta auto-afección es, sin duda, la posibilidad de lo que se llama la *subjetividad* o el *para-sí*; pero sin ella, ningún mundo *como tal* aparecería. Pues aquella supone en su profundidad la unidad del sonido (que está en el mundo) y de la *phoné* (en el sentido fenomenológico)." (Derrida, J., *La voz y el fenómeno*, págs. 137-138). Esto lo interpretamos del siguiente modo: la palabra efectivamente proferida está "compuesta", o mejor, es la unidad de un significante material (sonido) y de un significante "ideal" (*phoné*), animada por una intención que apunta a una *Bedeutung*. Por otro lado, lo que utilizo en un monólogo interior es solamente la *phoné* (o "sustancia de expresión" que dicen los glosemáticos), la idealidad del significante. Entonces, las dos caras del signo, por así decir, serían aquí la *Bedeutung* o querer-decir y la *phoné*. Sin embargo, el hecho de que en el primer caso se auto-reduzca la "materialidad" o "mundanidad" del sonido hace que parezca posible y lícito considerar ésta como un simple agregado exterior respecto al monólogo interior. Cuando hablo con otro, ocurriría lo mismo que cuando hablo para mí, sólo que con el añadido de la "materia fónica". Por un lado, ésta se extingue rápidamente en el momento de proferirla (pero, por un instante, he tenido "experiencia" de mundo), y, por otro lado, dentro de mí, por la "transparencia" de la *phoné*, yo domino mi discurso, sé lo que he dicho, lo que he querido-decir: el significante material se ha auto-reducido hacia su idealidad (la *phoné*) y todo mi querer-decir me ha sido presente en su legalidad (hay que percatarse: sólo mediante la muerte de lo empírico he podido pensar (en) la idealidad). Por ello, de la doble experiencia "simultánea" que se da en el diálogo, por una parte, el "nacer-morir" instantáneo de la mundanidad y, por otro lado, el serme a mí presente (de un modo "ideal", "necesario",

Así pues, la presencia de la idealidad al presente viviente en la voz se funda en el borrarse del significante en la diafanidad inmediata del "oírse-hablar", en la proximidad absoluta del significante al significado, en la reducción del espacio en la auto-afección[162]. Si bien Husserl ha considerado que incluso la *inscripción* de los enunciados es *necesaria* para la constitución y transmisión de los objetos ideales, este momento siempre señaló para él el instante de una *crisis*[163]. Dicha ex-propiación del sentido en la escritura (fonética), si no mal necesario, sí ha estado vigilado y condicionado siempre por el *télos* de la re-apropiación sin resto en la re-*anima*ción del *cuerpo* muerto de la letra, en la temporalización de su espacio. Esta re(con)ducción de la exterioridad a la esfera de lo propio se da como dominio sobre el significante, es decir, como sometimiento de todo aquello que, en cuanto otro, escapa a mi poder, a mi *querer-decir*[164].

"transparente") surge la distinción-oposición de lo empírico (mundanidad, contingencia, caducidad, etc.) y lo trascendental (la subjetividad, la consciencia, lo permanente, lo necesario, la idealidad, etc.). Y todo en una misma experiencia: pronunciar una palabra y oírla, *oírme-hablar*.

[162] "... el logos no puede ser infinito y presente consigo, no *puede producirse como auto-afección*, sino a través de la voz: orden del significante por medio del cual el sujeto sale de sí hacia sí, no toma fuera de él el significante que emite y lo afecta al mismo tiempo. Tal es al menos la experiencia –o conciencia – de la voz: del oírse-hablar. Ella se vive y se dice como exclusión de la escritura, o sea del requerimiento de un significante "externo", "sensible", "espacial" que interrumpe la presencia consigo." (Derrida, J., *De la gramatología*, pág. 130).

[163] "Al salir de él mismo, el oírse-hablar se constituye en la historia de la razón por el rodeo de una *escritura*. (...). Exposición indispensable para la constitución de la verdad y de la idealidad de los objetos, pero también amenaza del sentido por la exterioridad del signo." (Derrida, J., ""Génesis y estructura" y la fenomenología", *loc. cit.*, pág. 229).

[164] Bajo esta idea de la re-animación sigue funcionando la separación entre cuerpo y alma, así como, creemos, la idea cristológica de la

Ahora bien, si lo propio puede "expropiar*se*", si lo temporal puede espacializar*se*, ¿de dónde le viene esta *posibilidad* (y esta *necesidad*)? ¿No ha de estar ya, de algún modo, la voz habitada por la escritura, lo vivo (el habla) por lo muerto (la "letra"), el tiempo por el espacio, lo idéntico por su otro? Es el mismo concepto de auto-afección el que muestra la imposibilidad radical de toda pretendida pureza. La auto-afección, como afección de una presencia por sí misma, implica que, durante un instante, el tiempo de un *parpadeo*, la presencia no sea presente a sí, que la presencia *se desdoble* en "presencia *afectante*" y "presencia *afectada*", no pudiendo estar absolutamente presente en toda la operación. En este sentido podemos afirmar que "la hetero-afección más irreductible habita –intrínsecamente– la auto-afección más cerrada"[165]. Una "presencia" que requiere cierta ausencia en el acto de presentarse no puede ser la *misma* más que *decentando* su identidad[166]. Y esto no ocurre por el recurso empírico al significante fónico, sino que se da ya en el nivel del sentido pre-expresivo. La auto-afección *pura* supone y remite a una *diferencia pura* como movimiento de la diferencia en la que radica la posibilidad de toda experiencia, que es emi-

---

resurrección de Cristo como poder absoluto sobre la muerte. Sobre la lectura como Consagración en la hermenéutica gadameriana nos permitimos remitir a nuestra comunicación "Te(le)ología y hermenéutica: una crítica derridiana", en Acero, J., Sáez, L. et al. (eds.), *El legado de Gadamer. Materiales del Congreso Internacional sobre Hermenéutica Filosófica*, Departamento de Filosofía de la Universidad de Granada, Granada, 2003, págs. 165-172.

[165] Derrida, J., "Parergon", *loc. cit.*, pág. 59.

[166] "La *auto*-afección constituye lo mismo *(autó)* dividiéndolo. La privación de la presencia es la condición de la experiencia, es decir de la presencia" (Derrida, J., *De la gramatología*, pág. 211). También en la página 141 de *La voz y el fenómeno*: "La auto-afección (...) produce lo mismo como relación consigo en la diferencia consigo, lo mismo como lo no-idéntico".

nentemente experiencia de lo otro[167] (es decir, del afuera, del mundo, del cuerpo, etcétera).

Y es que, ¿no es acaso auto-afección pura el movimiento de la temporalización tal y como lo veíamos más arriba[168]? La intuición del tiempo no es empírica ni pertenece al orden de lo constituido, sino que es una impresión originaria, "la fuente originaria de la que todo lo demás se produce sin cesar. Ella misma, sin embargo, no se produce, no surge como algo producido, sino que lo hace por *genesis spontanea*, es engendramiento originario"[169]. El ahora-presente, para ser lo que es, ha de afectarse a sí mismo con un nuevo ahora originario respecto al cual se convertirá en ahora-pasado retenido, es decir, debe auto-afectar*se* (*ser* afectado –de modo (no completamente) pasivo– y afectarse a *sí* –de modo (no completamente) activo–) con lo otro para poder ser él mismo. De manera que, como apuntábamos, esta *diferencia pura* impide la identidad a sí del presente viviente, que no es más (ni menos) que una *huella*. Dicha huella era la condición de posibilidad de que el ahora-presente, quedando marcado por la *impronta de otro* ahora (pasado y/o futuro), se abriese a él y se diferenciase de él, dando lugar al movimiento de temporalización como diferencia. Esta *marca* o *grama* de la ausencia de la huella en la presentación de la huella es una escritura, o más bien, una *archi-escritura* que opera en el origen del sentido, el cual no puede ya escapar a la "significación". Recordemos que, por una parte, lo específico del habla era que se desarrollaba en el elemento temporal y que, por otra

---

[167] "(...) la auto-afección es una estructura universal de la experiencia. Todo viviente es capaz de autoafección. Y sólo un ser capaz (...) de auto-afectarse, puede dejarse afectar por el otro en general. La auto-afección es la condición de una experiencia en general" (Derrida, J., *De la gramatología*, pág. 209-10).
[168] Ver al respecto Heidegger, M., *Kant y el problema de la metafísica*, Fondo de Cultura Económica, Madrid, 1993, § 34, págs. 161-66.
[169] Husserl, E., *Lecciones de fenomenología de la conciencia interna del tiempo*, Apéndice I, pág. 120.

parte, según Husserl, también el sentido es siempre temporal. Ello implica que el sentido se vea siempre imbricado en el movimiento de la huella que es "la apertura de la primera exterioridad en general, el vínculo enigmático del viviente con su otro y de un adentro con su afuera: el espaciamiento"[170]. Si lo temporal puede espacializarse (ser espacializado) es porque "debe" espacializar*se* (a sí mismo): porque "acontece" espacializándose, ya siempre ha sido espacializado. El "espaciamiento", rasgo "definitorio" de la escritura, se revela así en el "interior" de la temporalización: "*la temporalización del sentido es desde el comienzo "espaciamiento"*"[171]. Este "aparecer" del espacio en la "génesis" misma del tiempo señala el *intervalo*[172], el no-tiempo (presente), el *"tiempo muerto"* necesario sin el que ninguna diferencia, *ergo* ningún sentido[173], aparecería. En tanto heterogeneización, articulación del espacio y del tiempo (devenir-espacio del tiempo y devenir-tiempo del espacio), el espaciamiento, la diferencia[174] como temporalización, hace radi-

---

[170] Derrida, J., *De la gramatología*, pág. 92.

[171] Derrida, J., *La voz y el fenómeno*, pág. 144.

[172] Pero también el, por expresarlo de alguna manera, "*haciéndose-intervalo-el-intervalo*": "Preciso, además, que el espaciamiento es un concepto que conlleva también, aunque no solamente, una significación de fuerza productiva, positiva, generatriz. Como *diseminación*, como *diferencia*, conlleva un motivo genético; no es sólo el intervalo, el espacio constituido entre dos (lo que quiere decir también espaciamiento en sentido habitual), sino el *espaciamiento*, la operación o, en todo caso, el movimiento de la división" (Derrida, J., "Posiciones", *loc. cit.*, pág. 105, nota 31).

[173] "La significación sólo se forma, así, en el hueco de la diferencia: de la discontinuidad y de la discreción, de la desviación y de la reserva de lo que no aparece." (Derrida, J., *De la gramatología*, pág. 90).

[174] Derrida propone llamar "*indistintamente*" archi-escritura, archi-huella o diferencia a la "constitución del presente, como síntesis "originaria" e irreductiblemente no-simple, pues *sensu stricto*, no-originaria, de marcas, de huellas de retenciones y de protenciones" (Derrida, J., "La différance", *loc. cit.*, pág. 14 –trad. esp. pág. 48–).

calmente imposible la pura interioridad del habla o del "oírse-hablar" y, precisamente en tanto apertura, dibuja la salida "en el mundo". Este *fenómeno* de la auto-afección en el "oírse-hablar" es el origen de lo que se llamaba presencia y que no vivía más que de la supresión de la diferencia, pues "está *presente* lo que no está sujeto al proceso de la diferiencia"[175]. Pero en tanto el espaciamiento no sobreviene como una exterioridad a una interioridad, sino que está enraizado en el movimiento mismo de la temporalización[176], haciéndolo posible, la abertura o dehiscencia que provoca en el adentro hace imposible todo intento de reducción[177] (completa) a la presencia, de soslayar la diferencia.

En tanto que el sentido "aparece" en el movimiento de la huella, aquél está desde siempre en relación con el no-sentido

---

[175] Derrida, J., *De la gramatología*, pág. 210.
[176] A este "flujo" temporal *constituyente* lo denominó Husserl *subjetividad absoluta* (Husserl, E., *Lecciones de fenomenología de la conciencia interna del tiempo*, § 36, pág. 95). Pero el sujeto nunca nombró otra cosa que la presencia a sí que, acabamos de ver, es un "efecto" de la diferiencia. La diferiencia no sobreviene al sujeto, sino que lo "produce" inscribiéndole cierta ausencia, prohibiéndole un adentro "monádico", lo cual, a su vez, posibilita la apertura hacia el otro, esto es, intersubjetividad. La ausencia del sujeto ya ha sido mencionada más arriba y lo será más abajo a raíz de la especificidad del lenguaje y del análisis de las "expresiones ocasionales" (paradigmáticamente *'yo'*).
[177] Sin embargo, es de notar que sólo mediante el *paso* por la reducción trascendental se ha podido llegar a esa *diferencia pura* en la auto-afección como movimiento de la diferiencia, movimiento que, en un mismo gesto, posibilita y limita dicha reducción. Este motivo de lo que nosotros denominamos económicamente (aprovechando el juego que el castellano nos ofrece entre "empezar" y "empecer") el *empiezo* (el comienzo como impedimento, el impedimento del comienzo) de la diferiencia es la estructura, podríamos decir paradigmática, de lo que Derrida quiere dar a pensar, esto es, el hecho de que la diferiencia "produce lo que prohíbe, vuelve posible eso mismo que vuelve imposible" (Derrida, J., *De la gramatología*, pág. 183).

del espaciamiento, habitado en su nacimiento por su muerte. Recordemos que la idealidad no puede constituirse más que haciéndose signo, o dicho rigurosamente, que la idealidad es *ya siempre* signo, huella: aparición finita de una *remisión* a lo otro ausente en vistas a una *repetición* infinita inasumible en los límites de una presencia. Por ello, "la denominada "cosa misma" es desde un comienzo un *representamen* sustraído a la simplicidad de la evidencia intuitiva"[178]. El espaciamiento, butronero de la presencia, inscribiendo el no-sentido en el sentido, "constituye retroactivamente el deseo de la presencia"[179], abriendo así el movimiento de la signi-ficación, la posibilidad de repetición y permitiendo la idealidad. De este modo, saber que el sentido pre-expresivo ha debido salir hacia la expresión (y ésta hacia la indicación) es saber que "el sentido debe esperar a ser dicho o escrito para habitarse él mismo y llegar a ser lo que es al diferir de sí: el sentido"[180]. Husserl lo sabía[181], pero

---

[178] *Ibíd.*, pág. 64.
[179] *Ibíd.*, pág. 89.
[180] Derrida, J., "Fuerza y significación", *loc. cit.*, pág. 21. Se muestra así que, contra lo que pensaba Husserl, el "entrelazamiento" *(Verflechtung)* entre expresión e indicación no es "accidental" o advenido *a posteriori* sino esencial y "originario". La huella está *a priori* escrita en un elemento "sensible" y "espacial", lo cual no quiere decir que deba ser necesariamente inscrita en el sentido corriente. "Pero, una marca, dondequiera que se produzca, ¿no es acaso la posibilidad de la escritura?" (Derrida, J., *De la gramatología*, pág. 381).
[181] Desde muy pronto Husserl afirmó que las significaciones *(Bedeutungen)* "constituyen – podemos decir también – una clase de *conceptos* en el sentido de *"objetos universales"*. No por eso son objetos que existan, ya que no en una parte del "mundo", al menos en un τοπος ουρανιος o en el espíritu divino; pues semejante hipóstasis metafísica fuera absurda" (Husserl, E., *Investigaciones lógicas*, I, 1, § 31, pág. 288). Años más tarde escribía: "¿cómo llega a su objetividad ideal la idealidad geométrica (así como la de todas las ciencias) a partir de su surgimiento originario intrapersonal en el cual se presenta como formación en el espacio de conciencia del alma del primer

no vislumbraba hasta qué punto era radicalmente cierto. El sentido no puede aguardar incólume en ningún "lugar" pues el espaciamiento es precisamente la "apertura" del lugar, del espacio de legibilidad. Pero este "lugar" nunca puede ser un "hogar", un espacio "propio", sino siempre ya ex-propiación, un no-lugar, un desierto sin caminos prescritos, puesto que el sentido, en tanto huella, no puede darse el espacio de su inscripción más que *marcándose* con lo que no es él, con el no-sentido, con un fondo de ilegibilidad, borrándose a sí mismo, relacionándose con consigo como con su muerte. Escribe Derrida: "Un poema corre el riesgo siempre de no tener sentido, y no sería nada sin ese riesgo"[182]. La huella no consigue constituirse más que exteriorizándose en un afuera, exponiéndose en una "escritura" a su pérdida y a su desvanecimiento. "Una huella imborrable no es una huella"[183], pues la amenaza de la desaparición no le sobreviene como un accidente empírico que pudiera evitarse de tal o cual modo, sino que la constituye estructuralmente haciéndola posible: "su fuerza de producción está en relación necesaria con la energía de su desaparición"[184].

Y es que esta "fuerza de producción" es de hecho y de *derecho* una "fuerza de ruptura" que, separando la *marca* de toda presencia, "inaugura" el juego de la "significación" (en el sentido del "remitir" o del "estar en el lugar de"[185]) y "libera" el sentido. Así, es lo característico de un signo poder funcionar

---

inventor? Lo vemos desde el primer momento: por la mediación del lenguaje que le procura, por así decir, su carnadura lingüística" (Husserl, E., "El origen de la geometría", *loc. cit.*, pág. 169).

[182] Derrida, J., "Edmond Jabès y la cuestión del libro", *loc. cit.*, pág. 101.

[183] Derrida, J., "Freud y la escena de la escritura" y Derrida, J., "De la economía restringida a la economía general", *loc. cit.*, págs. 315 y 365, respectivamente.

[184] Derrida, J., "La diseminación", *loc. cit.*, pág. 494.

[185] Se abre así también lo que más adelante denominaremos la "suplementariedad originaria" o el "suplemento de origen". Ver *Infra*, parágrafo 3.2.1.

en la ausencia del referente al que remite y, en general, esto es lo propio del lenguaje. De hecho, Husserl mismo apunta que pertenece al signo expresivo poder prescindir de la presencia plena del objeto enfocado en la intuición. Aún más, "la ausencia de este acto [de realización, impletivo, de "cumplir sentido"] no priva a la expresión de sentido; hace más bien que resalte este sentido. (...) la ausencia de objeto sirve de *criterio* para discernir la esencia del significado en cuanto tal"[186]. Si bien la plenitud de la presencia, su *télos*, es la "fusión" de intención e intuición, para Husserl lo esencial al discurso es simplemente que el cuerpo del significante esté animado por una intención, por un acto de querer-decir[187]. Que el discurso no se ve afectado por la ausencia de objeto (se entienda éste como "cosa externa" o, psicologistamente, como "imagen" mental) se pone de manifiesto mediante una "variación imaginativa" que nos conduce y nos enfrenta al caso-límite del absurdo y, dentro de él, a la distinción entre lo contradictorio o lo absurdo como contra-sentido *(Widersinn)* y lo absurdo como sin-sentido *(Unsinn)*. El primer caso podría ser ejemplificado con expresiones como "círculo cuadrado" o "montaña de oro" en las que, si bien hay una *intención significativa* (o *acto de dar sentido*), es (*a priori* en el primer ejemplo y por razones empíricas en el segundo) imposible que haya un *cumplimiento significativo* (o *acto de cumplir el sentido*). En este tipo de expresiones no hay una ausencia absoluta de sentido (son *widersinnig*, no *sinnlos*) pues comprendemos lo que *quieren decir* y por ello podemos deducir que no tienen objeto posible (en el caso del "círculo cuadrado", ni siquiera como "imagen" psíquica). Sin embargo, casos de agramaticalidad como "abracadabra" o "verde lo casa" no son realmente expresiones, sino auténticas faltas de sentido

---

[186] Schérer, R., *op. cit.*, pág. 161.
[187] Hay que recordar que la posesión de *Bedeutung* era lo que distinguía la expresión del resto de signos: "...la esencia de la expresión reside exclusivamente en el querer-decir" (Husserl, E., *Investigaciones lógicas*, I, 1, § 13, pág. 251).

que nos impiden un mínimo de comprensión en tanto que no sólo carecen de "sentido impletivo" o de intuición posible (simplificando, de objeto), sino que les falta asimismo la animación de un querer-decir.

Ahora bien, si el discurso *puede* funcionar sin intuición, ¿cuál es el estatuto de esta *posibilidad*? ¿No remite esta posibilidad de nuevo a una necesidad de esencia? Para Derrida hemos de ir más allá que Husserl y ver que "no sólo el querer-decir no implica esencialmente la intuición del objeto, sino que lo excluye esencialmente"[188]. Incluso un "enunciado perceptivo" (por ejemplo, "Veo ahora la pantalla de mi ordenador") expresa un contenido ideal que puede ser comprendido más allá de nuestra percepción, independientemente de nuestra situación aquí y ahora, es decir, comporta una fuerza de ruptura que le permite llegar a todo destinatario y a ninguno en particular: la ausencia de destinatario está estructuralmente inscrita en mi expresión; no sólo está tolerada, sino *requerida*. Pero si esta no-presencia de *todo* sujeto-de-intuición es lo que caracteriza al lenguaje, ¿no excluye también la intuición del emisor[189]?, ¿no hay una heterogeneidad esencial e irreductible entre intención e intuición que impide de derecho un *pleno* cumplimiento significativo? De hecho, nosotros somos un destinatario más de nuestros "enunciados", los cuales han de funcionar en nuestra ausencia (de atención, de intención, de memoria, de sinceridad, de consciencia, de vigilia, de cordura, "de vida", etc.), pudiendo asimismo ofrecerse a nuestra "lectura" en un futuro no muy lejano[190]. El diastema del *espaciamiento* no sólo separa al

---

[188] Derrida, J., *La voz y el fenómeno*, pág. 153.

[189] Claro que el esquema emisor-receptor se revela insuficiente para describir el proceso de comunicación por el espaciamiento que estamos describiendo así como por la *iterabilidad* (la cual todavía aquí llamamos *repetibilidad*) que constituye la idealidad de la expresión.

[190] Por ejemplo, se supone que *yo* ahora (en el momento en el que escribo) estoy "*sosteniendo*" un discurso más o menos coherente. Sin embargo, cada vez que vuelvo a escribir un párrafo he de re-leer y

signo de toda "referencia" objetiva (algo fácilmente admisible), sino también de toda "referencia" subjetiva. "La ausencia total del sujeto y del objeto de un enunciado –la muerte del escritor y/o la desaparición de los objetos que ha podido describir– no impide a un texto "querer-decir". Por el contrario, esta posibilidad hace nacer el querer-decir como tal, lo da a oír y a leer"[191].

Esto ocurre incluso en la palabra que expresa paradigmáticamente la proximidad del sujeto a sí mismo: el pronombre personal "yo". Si distinguimos con Husserl entre expresiones *objetivas* y expresiones *esencialmente (subjetivas y) ocasionales*, el pronombre "yo" pertenecería a esta última clase de expresiones. Una expresión objetiva es aquella que puede ser comprendida "sin necesidad de tener en cuenta la persona que se manifiesta y las circunstancias de su manifestación"[192] (ejemplarmente, las expresiones teóricas de la matemática) o, al menos, en caso de polisemia, aquella que no depende *necesariamente* de la persona ni del contexto para que podamos entender alguna de sus *Bedeutungen* posibles (por ejemplo, "cabo"). En cambio, una expresión esencialmente ocasional es aquella que, henchida de indicación (pues es incomprensible sin "apuntar" hacia un referente existente aquí y ahora), es imposible de reemplazar[193]

---

comprender lo que yo mismo he escrito en días anteriores en incluso hace unos instantes. ¿Por qué necesitaría hacer esto si estuviese completamente presente en mi discurso? Derrida en *Limited Inc.* aprovecha el ejemplo de la "lista de la compra para mí mismo" con el que Searle *le objeta*.

[191] Derrida, J., *La voz y el fenómeno*, págs. 154-55.

[192] Husserl, E., *Investigaciones lógicas*, I, 3, § 26, pág. 273.

[193] Husserl afirma que "*idealmente* hablando, toda expresión subjetiva, si se mantiene idéntica la intención de *Bedeutung* que de momento le conviene, puede ser sustituida por expresiones objetivas". Sin embargo, también cree que esta posibilidad es "irrealizable de hecho, e incluso permanecerá irrealizable por siempre" (*Ibíd.*, 3, § 28, pág. 279). En esto ve Derrida un indicio de que Husserl concibe el *sentido* como relación a la objetividad y lo ideal bajo la forma de la Idea en

en un discurso por una expresión objetiva sin trastocar el querer-decir del enunciado. Por ejemplo, si suponemos que el contenido objetivo de la expresión "yo" es "aquél que habla designándose a sí mismo" y sustituimos con dicha fórmula la ocurrencia de "yo" en "yo estoy contento", el resultado es la proposición "aquél que habla designándose a sí mismo está contento", alterando completamente el querer-decir de la proposición anterior hasta el punto de que cambia su valor de verdad. Bajo el régimen de expresiones esencialmente ocasionales caen también los demostrativos (esto, eso, etc.) y, en general, todas las determinaciones referidas al sujeto (aquí, abajo, ayer, después, etc.), así como a formas del discurso como la expresión de creencias, percepciones, órdenes, etcétera[194]. No obstante, si por un lado la indicación "atraviesa" la *Bedeutung* de estas expresiones en el discurso comunicativo (pues sólo se determina con relación a un "referente" presente), para Husserl, por otro lado, dicha *Bedeutung* se "cumple" en el monólogo interior. Pero esto lo justifica de un modo contradictorio con sus premisas. Afirma que cada individuo tiene *su* propia representación del yo y que por ello la *Bedeutung* de la palabra "yo" es siempre nueva. Esta *Bedeutung* "individual" sólo puede hallar inmediata "realización" *normal* en el sujeto que profiere el "yo", pues la *Bedeutung* de "yo" en mi interlocutor, en tanto "nombra" su propia persona, es completamente distinta.

Sin embargo, suponiendo incluso que dicha representación inmediata de mi yo sea posible, ¿no se refuta Husserl a sí mismo cuando afirma que "decir que las *Bedeutungen* cambian sería un contrasentido, supuesto que por *Bedeutungen* sigamos enten-

---

el sentido kantiano, esto es, que todas las "distinciones esenciales" vienen propiciadas por esta estructura teleológica en la que la presencia se ve diferida hasta el infinito.
[194] Efectivamente, no mienta lo mismo la proposición "Yo creo que 2 x 2 = 4" que la proposición "2 x 2 = 4".

diendo unidades ideales"¹⁹⁵? En efecto, la *Bedeutung* de "yo" no puede por menos (como toda *Bedeutung*) que ser una idealidad, lo que implica, por un lado, que no puede ser "siempre nueva" y, por otro lado, que debe funcionar en ausencia de su objeto, en este caso de mi yo empírico. La independencia de derecho de la intención y de la intuición impletiva así lo requiere y, de hecho, la palabra "yo" expresa, "quiere decir", aunque no tenga una intuición actual de mí, aquí y ahora¹⁹⁶. Más aún, es incluso necesaria la no-intuición o la no-correspondencia *plena* entre intención e intuición: es esta separación o espaciamiento de mi "vida" lo que constituye la *Bedeutung* de "yo" como tal y posibilita que dicha palabra tenga sentido de modo que la podamos comprender aun cuando su emisor nos sea desconocido o sea un personaje de ficción. "Mi muerte es estructuralmente necesaria al funcionamiento del *Yo*"¹⁹⁷, es decir, hemos de concluir finalmente que la palabra "yo" no podría funcionar si no fuese *siempre* tan anónima como un "yo" escrito sobre un papel. La separación que implica el acto de escritura no es más que un caso particular y revelador de lo que ocurre siempre que operamos con signos-huellas. Únicamente mediante esta fuerza de olvido o muerte, que la arranca de mí como de su origen en una vida empírica, puede una marca darse el impulso

---

[195] *Ibíd.*, 3, § 28, pág. 280.

[196] ¿No radica aquí la posibilidad en un hombre "adulto" de un discurso sobre su niñez o sobre su vejez? ¿Cómo si no podría afirmar, por ejemplo, que "a los diez años *yo* odiaba las lentejas"? Ahora bien, si la idealidad del "yo" (ruptura con el yo empírico) permite que me refiera a mí mismo como el *mismo* a través de los cambios y modificaciones (quizás en el sentido ricoeuriano de ipseidad), ¿no implica también la posibilidad de que yo sea otro, de que otro sea yo? Y si esta ruptura estructura "originariamente" al "texto" (aquí, la narración de mi vida) ¿no es siempre imposible una re-apropiación en tanto nunca ha habido un propio? ¿No es siempre la ex-posición una pérdida?

[197] Derrida, J., *La voz y el fenómeno*, pág. 158.

para nacer y constituirse en *sentido*, esto es, en "objetividad", en ser-para-todos-y-de-nadie, en palabra para (cualquier) otro, en lenguaje. De este modo, "sólo cuando el escrito está *difunto* como signo-señal es cuando nace como lenguaje"[198], y en este sentido, "la escritura *comprendería* el lenguaje"[199], es decir, también a la comunicación.

---

[198] Derrida, J., "Fuerza y significación", *loc. cit.*, pág. 22.
[199] Derrida, J., *De la gramatología*, pág. 12.

3. DISEMINACIÓN E INDECIDIBILIDAD: EL SUPLEMENTO ORIGINARIO

3.1 La diseminación como interpretación activa

Si la *Bedeutung* de "yo" estuviese *inmediatamente* "realizada" o "cumplida" en el sujeto que se habla monológicamente, si pudiese tener una representación inmediata de mí, entonces ¿por qué o de dónde viene la necesidad *suplementaria* de la palabra "yo" para referirme a mí mismo? Husserl querría encontrar la presencia plena y desterrar la indicación hacia el terreno de la comunicación pero, con todo lo visto hasta ahora, ¿podemos aun decir que aquella se añade como un accidente a la presencia de un significado que se basta a sí mismo o, por el contrario, desvela una carencia, una "falta" originaria?

En el sistema del "oírse-hablar" (logocentrismo, fonocentrismo, vínculo originario entre *phoné* y *logos*), la escritura fue siempre excluida de la constitución del sentido, relegada a ser el significante de un significante que remitiría a su vez a un significado. Dicho significado ya constituido por y en el elemento del *logos* sería una interioridad ajena a todas las transacciones mundanas, a la "caída" accidental en tal o cual significante que tendría un papel secundario respecto a aquél. La escritura no designaría más que un "suplemento del habla" (Rousseau), de un habla *pretendidamente* plena que se relaciona de un modo privilegiado, *natural*, con la idealidad del sentido en tanto parece reducir el espacio del significante en la fonía. En este sentido, "la exterioridad del significante es la exterioridad de la escritura en general"[200]. La degradación de la escritura como *técnica* o instrumento vicario hace sistema con el *télos* de la borradura de la opacidad del significante (la presencia como parusía en el "oírse-hablar" absoluto) y de su dominación (metafísica voluntarista de lo propio en la que el saber absoluto *(savoir absolu)* sería un poseerse absoluto *(s'avoir absolu)*). La *oposición* ha sido el modo mediante el cual la filosofía ha pretendido comprender y dominar a la escritura, junto con todos los predicados que ésta le ha atribuido: "Para que esos valores contrarios (bien/mal, verdadero/falso, esencia/apariencia dentro/fuera, etc.) puedan oponerse es preciso que cada uno de los términos resulte simplemente *exterior* al otro, es decir, que una de las oposiciones (dentro/fuera) esté ya acreditada como matriz de toda oposición posible"[201]. En tanto que la escritura es una contingencia externa *sobrevenida* a la esencia, un "redoblamiento improductivo", se ha pensado poder reducirla sin pérdida alguna, se ha creído poder aislar la ganga del oro. Esta aspiración de la filosofía no es sino, desde Platón, *la* filosofía misma como ontología: "posibilidad presunta de un discurso sobre lo que *es*, de un *logos* que decide y es decidible de o sobre el *on* (ente-presente)"[202], el cual es distinguible y separable de la apariencia, de lo imitante que des-presenta lo que re-presenta, que duplica lo simple, añadiéndose *posterior*mente a la *pr-e*sencia.

A la época del *logos*, que rebaja la escritura como "expatriación" del sentido en una exterioridad, pertenecería pues la

---

[200] *Ibíd.*, pág. 21.
[201] Derrida, J., "La farmacia de Platón" en ídem, *La diseminación*, pág. 154. Sin que esto quiera decir que la oposición dentro/fuera adquiera algún tipo de preeminencia o privilegio *general* (no resaltaremos nunca lo suficiente que una oposición jamás funciona sola, sino dentro de un sistema), sí compartimos la opinión de Patricio Peñalver cuando señala que "acaso la mayor virulencia represiva estaría en el esquema generador del idealismo, la oposición dentro/fuera" (Peñalver, P., "Ontologías en desconstrucción", *loc. cit.*, pág, 288).
[202] Derrida, J., "La doble sesión", *loc. cit.*, pág. 288. (Trad. modificada).

diferencia entre el significado y el significante, esto es, el concepto de signo. En dicho concepto se fundan incluso algunos de los discursos presuntamente más "críticos" de nuestra época, como la semiótica o "los estructuralismos" (que tan a la ligera pretendían haber "sobrepasado" la metafísica). Sin embargo, la idea de signo como distancia y exterioridad simple del significante respecto al significado, no puede mantenerse "sin conservar al mismo tiempo, más profunda e implícitamente, la referencia a un significado que pudo "tener lugar", en su inteligibilidad, antes de toda expulsión hacia la exterioridad del aquí abajo sensible"[203]. Esta suposición de un significado trascendente-trascendental es la que permite, por ejemplo, al estructuralista *comprender* una estructura. Y es que toda estructura tiene un centro que, cerrando y abriendo, organizando y permitiendo el juego de referencias y sustituciones entre los elementos de un sistema, *orienta* dicha estructura dándole un *sentido*. Este centro, *arkhé* o *télos*, certeza funda(menta)dora en fin, al estar simultáneamente *dentro* y *fuera* de la estructura, escapa a ésta y a las permutaciones del sistema: es un significado trascendental que legisla, regula y *detiene* el juego remisivo de significante a significante. En tanto que cierre inmanente, el significado trascendental permite pensar la estructura como una totalidad con sentido, como juego *fundado*, pero en tanto que apertura del juego o *condición* del sentido permanece de derecho impensable en el interior del sistema que posibilita[204]: aparece, se *presenta* como el *escándalo* o la *mons-*

---

[203] Derrida, J., *De la gramatología*, pág. 20.
[204] "En todo caso, la trascendentalidad de la abertura es a la vez el origen y el fracaso, la condición de posibilidad y una cierta imposibilidad de toda estructura y de todo estructuralismo sistemático" (Derrida, J., ""Génesis y estructura" y la fenomenología", *loc. cit.*, pág. 224). En este sentido afirma Derrida que su trabajo pretende "determinar la posibilidad del *sentido* a partir de una organización "formal" que en sí misma no tiene sentido, lo cual no quiere decir que sea el no-sentido", sino aquello que, dando *lugar* al sentido, no puede caer *completamente* bajo su ley (Derrida, J., "Les fins de l'homme" en ídem, *Marges*, pág. 161 –trad. esp. pág. 173–).

truosidad. Ahora bien, ¿es seguro que el "centro" *exista*, que sea una presencia, o esto no es más que la expresión de la fuerza de un *deseo*, el deseo metafísico por excelencia? Cuestionar la existencia de un "significado trascendental", origen del sentido, *fin* (en todos los sentidos) de la interpretación, es dislocar la idea de "signo" como distinción entre significado y significante[205]. Si no hay un significado último que remita sólo a sí mismo, si todo significado es ya una huella, una marca, un *grama* que está *"desde el principio en posición de significante"*[206], si "significante del significante" deja de designar sólo la secundariedad de la escritura para describir el movimiento mismo del lenguaje, entonces no hay más remedio que asumir que "ningún suelo de no-significación —ya sea que se lo entienda como insignificancia o como intuición de una verdad presente— se extiende, para fundarlo, bajo el juego y el devenir de los signos"[207]. Si el presunto "centro" no escapase al sistema de diferencias significantes, si estuviese *suplido* desde el "origen" por la "periferia", entonces ya no podríamos hablar de centro y tendríamos que

---

[205] "Hay un punto dentro del sistema donde el significante ya no puede ser reemplazado por su significado, lo cual tiene por consecuencia que ningún significante pueda serlo, pura y simplemente. Pues el punto de no-reemplazo también es el punto de orientación de todo el sistema de significación, el punto donde el significado fundamental se promete como término de todas las referencias y se sustrae como lo que destruiría de una sola vez todo el sistema de los signos" (Derrida, J., *De la gramatología*, pág. 334).
[206] *Ibíd.*, pág. 95. Ello no implica que para Derrida no exista tal cosa como el "significado". Si sólo hubiese significantes la idea misma de "significante" quedaría anulada. Es de notar la paradoja: por un lado, el logocentrismo tiende a la borradura del significante pero, por otro lado, *vive* de la distinción entre el significante y el significado (trascendental). A su vez, Derrida no puede prescindir ingenuamente de las oposiciones que pretende deconstruir a riesgo de confirmarlas y convertir su discurso en una "teología negativa".
[207] *Ibíd.*, pág. 62.

reconocer que "la ausencia de significado trascendental extiende hasta el infinito el campo y el juego de la significación"[208].

La imposibilidad de la "saturación" o de la determinación *total* del sentido (lo que no quiere decir, como a veces se quiere leer, indeterminación, imposibilidad total de determinación) es lo que da lugar a su *diseminación*, la cual se diferencia por ello de la polisemia, cuyos "momentos" son siempre momentos del sentido. La polisemia "propone siempre sus multiplicidades, sus variaciones, en el *horizonte*, al menos, de una lectura integral y sin ruptura absoluta, sin separación insensata, horizonte de una parusía final del sentido por fin descifrado, revelado, convertido en presente en la riqueza de sus determinaciones"[209]. Todas las sedimentaciones históricas, las connotaciones semánticas y los rodeos interpretativos son percibidos como pasos enriquecedores con la mirada puesta en la reasunción final del sentido en la que la plurivocidad es finalmente *comprendida*[210]. Así es como la escritura pudo *parecer* dominada, confinada entre los límites de un *volumen*, del libro. "La idea del libro es la idea de una totalidad, finita o infinita, del significante; esta totalidad del significante no puede ser lo que es, una

---

[208] Derrida, J., "La estructura, el signo y el juego en el discurso de las ciencias humanas", *loc. cit.*, pág. 385. Ahora bien, tiene que quedar claro que para Derrida este juego no es un juego *en* el mundo, sino que "es el *juego del mundo* lo que es necesario pensar *ante todo*" (Derrida, J., *De la gramatología*, pág. 65). El centro en la teoría de los *speech acts* será el sujeto consciente que permite la saturación del contexto, el cierre de una totalidad. Por ello he creído de suma importancia el pasar detenidamente por la "deconstrucción" del sujeto fenomenológico como premisa para entender por qué un contexto no es nunca saturable.

[209] Derrida, J., "La diseminación", *loc. cit.*, pág. 525.

[210] Un caso paradigmático de esta postura en la filosofía actual lo tenemos en el pensamiento gadameriano. Ver Gadamer, H.-G., "Texto e interpretación" en ídem, *Verdad y método*, II, Sígueme, Salamanca, 1998, págs. 340 y ss.

totalidad, salvo si una totalidad del significado constituida le preexiste, vigila su inscripción y sus signos, y es independiente de ella en su idealidad"[211]. Por el contrario, la diseminación implica la imposibilidad de una reapropiación dialéctica de lo que nunca fue propio: el espaciamiento, la ruptura *con* y *en* el origen del sentido que, por otro lado, propicia los "efectos de sentido"[212], la repetibilidad de la huella, el desdoblamiento del "acontecimiento"[213], todo ello cercena al mismo tiempo y de un modo radical cualquier arqueología o teleología. "Al apartarse de la polisemia, más y menos que ella, la diseminación interrumpe la circulación que transforma en origen un a posteriori del sentido"[214].

La lectura "diseminante" no puede por todo ello proceder al *hallazgo* de *un* sentido (aunque éste sea múltiple) o de una tesis principal en los textos ni justificarse apelando a un supuesto referente o "querer decir" trascendente, esto es, *fuera-del-texto*, ya que Derrida muestra cómo "no hay nada antes del texto, no hay pretexto que no sea ya un texto"[215]. El texto no

---

[211] Derrida, J., *De la gramatología*, pág. 25.
[212] "(...) el momento del sentido presente, su "contenido" no es más que un efecto de superficie" (Derrida, J., "La diseminación", *loc. cit.*, pág. 526).
[213] Vuelvo a recordar que la *iterabilidad* está implícitamente supuesta en todo este discurso. La tematizaré más detalladamente con ocasión del comentario de "Firma, acontecimiento, contexto".
[214] Derrida, J., "Fuera de libro (Prefacios)", *loc. cit.*, pág. 33.
[215] Derrida, J., "La diseminación", *loc. cit.*, pág 490. La ya célebre fórmula "no hay fuera-del-texto" (por ejemplo, en la página 202 de *De la gramatología*) ha sido afrentada más que enfrentada, desautorizada rápidamente con más irritación que conocimiento (ver, por ejemplo, García Suárez, A., *Modos de significar*, Tecnos, Madrid, 1997, pág. 22). Apuntando hacia dónde se tendrá que dirigir esta investigación e intentando evitar desde ya mismo los malentendidos, quizás no esté de más citar esta aclaración de Derrida a sus "críticos": "La frase que, por cierto, se ha convertido en una especie de eslogan en general tan mal comprendido de la deconstrucción ("no hay fuera de

puede ser pues el "libro" (cuya idea vimos que se fundaba en la ilusión del "cierre" de una totalidad) o el conjunto del saber humano acumulado en las bibliotecas, sino que lo que llamamos "realidad" es también una *escritura*[216]: "*lo que inaugura el movimiento de la significación es lo que hace imposible su interrupción. La cosa misma es un signo*"[217], afirma Derrida apoyándose en Peirce. Lo cual no mienta la confusión in-diferente de la clásica oposición entre "realidad" y "lenguaje", con lo que recaería en un idealismo, sino que, precisamente, afirmando su *exterioridad* mutua (del uno *respecto a*l otro), pone en cuestión toda inmanencia absoluta[218] (por otro lado, ¿no es eso mismo lo que

---

texto") no significa otra cosa: no hay fuera de contexto" (Derrida, J., "Vers une éthique de la discussion", *loc. cit.*, pag. 252).

[216] "Pero esto quiere decir que todo referente, toda realidad tiene la estructura de una huella diferiencial, y que no podemos referirnos a eso real más que en una experiencia interpretativa. Ésta no ofrece o no toma sentido más que en un movimiento de remisión diferiencial. *That's all*" (*Ibíd.*, pág. 273).

[217] Derrida, J., *De la gramatología*, pág. 64. En este sentido ya hemos visto que la percepción no existe, que no hay primera vez que no tenga que "acontecer" en una estructura de repetición.

[218] "Adelantar que no hay fuera-de-texto absoluto, no es postular una inmanencia ideal (...). El texto *afirma* el exterior" (Derrida, J., "Fuera de libro (Prefacios)", *loc. cit.*, págs. 54-55). Hacer justicia al juego de "inmanencia" y "trascendencia" lleva a Derrida a escribir proposiciones tan aporéticas como "no hay más que texto, no hay más que fuera-de-texto" (*Ibíd.*, pág. 66).

Por otra parte, Derrida afirma que lo que escribe puede ser considerado "materialista" si por "materia" no entendemos ningún "significado trascendental", sino aquello que en la historia de la filosofía ha representado el papel de alteridad, exterioridad, heterogeneidad *radical*. Esta insistencia materialista le parece a Derrida que "puede tener por función evitar que la generalización necesaria del concepto de texto, su extensión sin límite simplemente exterior (que supone también esta travesía de la oposición metafísica) no desemboque, bajo el efecto de intereses muy precisos, de fuerzas reactivas moti-

hacen los actos lingüísticos *performativos*?). El texto nos obliga a pensar de otro modo el *límite*, el *margen*, a establecer "otra disposición de los efectos de apertura y de cierre"[219], "otra ley de los efectos de sentido o de referencia" (...), otra relación entre la escritura en el sentido metafísico y su "exterior""[220]. No subordinada ya a la verdad, la lectura interpretativa no *puede* ser un acopio exhaustivo de tesis y temas que supuestamente están en el texto, un "comentario redoblante" que le pretenda "fidelidad", sino que debe ser *a la vez* una escritura, una *lectoescritura*[221] que intervenga y *genere* un texto (ni el mismo ni otro). "La lectura siempre debe apuntar a una cierta relación, no percibida por el escritor, entre lo que él impone y lo que no impone de los esquemas de la lengua de que hace uso. Esta relación no es (...) sino una estructura significante que la lectura crítica debe *producir*"[222].

Esto tiene su justificación en la circunstancia (que refleja una necesidad) de que un texto no está formado como un bloque monolítico, de una pieza, es decir, que nunca conforma una totalidad cerrada y homogénea[223]. De hecho, se trata de

---

vadas a perder el trabajo en la confusión, no desembocase, pues, en la definición de una nueva interioridad a sí, de un nuevo "idealismo" (...) del texto" (Derrida, J., "Posiciones", *loc. cit.*, pág. 87). Ver *Supra*, nota 138.

[219] Derrida, J., "Fuera de libro (Prefacios)", *loc. cit.*, pág. 55.

[220] *Ibíd.*, pág. 64.

[221] Según el Diccionario de la de la Lengua de la RAE, es la enseñanza y aprendizaje de la lectura simultáneamente con la escritura.

[222] Derrida, J., *De la gramatología*, pág. 202.

[223] Es interesante el cotejo con la postura radicalmente opuesta respecto a la concepción del texto: la hermenéutica gadameriana. Para Gadamer, "un texto es la unidad de un tejido, y se presenta en su textura como un todo, y no en los signos de la escritura, ni siquiera en las unidades gramaticales que forman la frase. (...). En el fondo, sólo se comprende cuando se comprende del todo, y se ha comprendido todo" (Gadamer, H.-G., "La hermenéutica tras la huella" en Gómez Ramos, A. (ed.), *Hermenéutica y deconstrucción*, Cuaderno

una estructura compleja[224] y escalonada (*espaciada*) en diferentes estratos sometidos a una *decisión* interpretativa que transita ciertos "pasillos de significado", abandonando otros. La "intención del autor", quien no es sino un lector finito de "su" texto, no representa más que un *determinado* encadenamiento de cierto número de proposiciones: es una pieza más en una "máquina de escritura"[225]. La lectura-escritura deconstructiva puede de este modo descomponer estos estratos y ponerlos en una nueva relación, abriendo así el texto y sus recursos, y propiciando nuevos efectos de sentido. En una importante nota Derrida sintetiza su proceder interpretativo: "(...) todo discurso (..) tiene la forma de una estructura de interpretaciones. Cada proposición, que es ya, por naturaleza, interpretativa, se deja interpretar en otra proposición. Para proceder prudentemente, y aun manteniéndonos dentro del texto (...), podemos, pues, destacar una interpretación de su reinterpretación y someterla a otra interpretación ligada a otras proposiciones del sistema. Lo cual equivale, y sin interrumpir la sistemática general, a reconocer momentos fuertes y momentos débiles de la interpretación de un pensamiento por sí mismo, dependiendo, tales diferencias de fuerza, de la necesidad estratégica del discurso finito. Naturalmente nuestra propia lectura interpretativa se ha esforzado en pasar –para ligarlos entre ellos– por lo que *nosotros* hemos interpretado como los momentos mayores"[226].

Gris, Madrid, 1998, pág. 244). Imaginamos aquí, parafraseando a Foucault, una pequeña sonrisa filosófica de Derrida quien, asintiendo completamente a la última proposición, aduciría a continuación: "... *ergo*, *nunca* hay comprensión".

[224] A este respecto habla José Bernal, con fortuna, de "desdoblamiento de la textualidad" o de "texto desdoblado" (ver Bernal Pastor, J., *op. cit.*, págs. 241 y ss.).

[225] Derrida, J., "Tympan", *loc. cit.*, pág. II (trad. esp. pág. 18).

[226] Derrida, J., "De la economía restringida a la economía general", *loc. cit.*, pág. 379, nota 36. Ver también *ibíd.*, pág. 356; ídem, *De la gramatología*, pág. 387.

A pesar de lo que piensen algunos, con esto último no se pretende afirmar la arbitrariedad del intérprete o que se pueda escribir *cualquier cosa*; por el contrario, la mayor libertad implica la mayor *responsabilidad*. La lectura-escritura deconstructiva (que llamaremos a partir de ahora, económicamente, *lexcritura*), si bien es radicalmente *inventiva*, no debe "abandonar" el *texto* al transformar su *textura*, sino "coserse" al *tejido* mediante sus propios hilos a fin de que se mantenga la *tejedura*. Dicho sin metáfora textil, la interpretación del texto ha de tener en cuenta "su" propia interpretación (la del "autor", según las instituciones tradicionales[227]), su *propósito*, hasta el punto de darle la razón contra él mismo y "aun cuando, en última instancia, pretenda hacer aparecer su fracaso"[228].

No obstante, podría argumentar el crítico: ¿acaso no *eligió* el autor recorrer determinados "pasillos de sentido", descartando otros al *percibirlos*, precisamente, como "impracticables"? Si toda interpretación no se funda en última instancia más que en una decisión, ¿por qué habríamos de preferir la lectura derridiana a la que, por ejemplo, nos ofrece la tradición o el propio autor? ¿No es esto al final un voluntarismo de corte nietzs-

---

[227] "(...) el momento de eso que he llamado, quizás torpemente, "comentario redoblante", no supone la identidad a sí del *"meaning"*, sino una relativa estabilidad de la interpretación dominante (...). Simplemente esta interpretación *quasi* parafrástica se asegura de aquello que, en un texto (...), constituye una zona de "convenciones" o de "contratos" implícitos muy profunda y muy sólida. Nada de estructuras semánticas absolutamente aseguradas, ahistóricas o transtextuales, monolíticas o idénticas a ellas mismas —que convertirían por otra parte el comentario más parafrástico imposible o inútil–, sino estratificaciones ya diferenciales de una grandísima estabilidad en la relación de fuerzas y según todas las jerarquías o hegemonías que suponen o ponen en marcha" (Derrida, J., "Vers une éthique de la discussion", *loc. cit.*, págs. 265-66).
[228] Derrida, J., *De la gramatología*, pág. 204.

cheano, el colmo de la voluntad de poder[229]; en resumen: relativismo, nihilismo? A ello responderíamos, en general, que quizás lo que distingue ambas lecturas es el *gesto*, o mejor aún, el *ánimo*, la *resolución* con la que se afirma el juego: "reducción afirmativa del sentido más bien que posición de sinsentido"[230]. En una lectura "clásica", la decisión siempre se *ejerce* (más allá o más acá de lo consciente o lo voluntario[231], y por razones que son legibles y que la deconstrucción debe investigar) en vistas a acotar y a asegurar el sentido, a limitar el juego, a *querer decir* el origen, el *télos*, la verdad como *fin* "trascendente". Pero lo que esta lectura "redoblante" ignora es que tanto el "intérprete" como el "autor" se mueven sobre un campo que no *dominan*, que "el sentido está *en función* del juego, está inscrito en un lugar dentro de la configuración de un juego que no tiene sentido"[232]. Por ello, la decisión del deconstructor es tomada en vistas a desenmascarar la decisión (logocéntrica) que asfixiaba el potencial del texto, de modo que se descubran y exploten todos los recursos de escritura que *quedan* como un *resto* inasumible, que están *impresos* en el texto, pero que han sido "reprimidos", hasta el punto de mostrar cómo ninguna interpretación puede dar cuenta de ellos en una *apropiación* final[233]. La lexcritura deconstructiva, si bien no *en-*

---

[229] Ésta parece ser la opinión de Gadamer, quien apunta a Nietzsche como el autor clave que separa la hermenéutica y la deconstrucción. Ver Gadamer, H.-G., "Texto e interpretación" y "Destrucción y deconstrucción" en ídem, *Verdad y método, II*, págs. 322-28 y 359, respectivamente.
[230] Derrida, J., "De la economía restringida a la economía general", *loc. cit.*, pág. 369.
[231] Para Derrida, lo "voluntario" no designa más que un modo de "sumisión" a, entre otras cosas, las necesidades de una "lengua" dada.
[232] *Ibíd.*, pág. 357.
[233] "(...) una de las tesis –hay más de una– inscritas en la diseminación es justamente la imposibilidad de reducir un texto como tal a sus efectos de sentido, de contenido, de tesis o de tema. No la imposibilidad,

cuenta uno o varios sentidos a los que supeditarse, tampoco pretende poner, proponer o imponer (un) sentido, operación logocéntrica por excelencia. Por el contrario, "para no dominar, es decir, para no someterse, *no debe* subordinarse *nada* (...), es decir, no debe subordinarse *a nada ni a nadie* (...); contra la *Erinnerung*, contra la avaricia que se asimila el sentido, tiene que *practicar* el *olvido*, la *aktive Vergesslichkeit* de la que habla Nietzsche"[234]. Esta re-interpretación del texto ("re" pues es una repetición[235] simulada de su presunto discurso) "bebe, para agotarlo, del recurso del sentido"[236], es decir, no *se* reduce a él, sino que *lo* reduce a él, lo afecta con ese índice de indiferencia o *epokhé* que Husserl prescribía realizar con todas las existencias trascendentes, situándolo así en un espacio que, sin ser el de la arbitrariedad semántica o el del sin-sentido, ya no es el de la verdad, la decidibilidad, el *logos*.

Esto, por supuesto, levanta todo tipo de críticas, algunas tan apasionadas que no pueden por menos que resultar sospechosas. Pero Derrida, a su vez, tilda de oscurantistas a todos aquellos que le acusan de no poder demostrar nada por no someter sus cuestiones a la autoridad de la razón o de la verdad. Y es que el pensador francés nunca ha apelado a un "más allá" o a "lo otro" de la razón[237], lo cual abocaría irremedia-

---

quizá, ya que *se hace* normalmente, sino la resistencia– diremos la *restancia*– de una escritura que no se hace más de lo que se deja hacer" (Derrida, J., "Fuera de libro (Prefacios)", *loc. cit.*, pág. 13).
[234] Derrida, J., "De la economía restringida a la economía general", *loc. cit.*, pág. 364.
[235] Ver *Supra,* nota 99.
[236] *Ibíd.*, pág. 371.
[237] "(...) el valor de verdad (con todos aquellos que le están asociados) no es allí [en los textos de Derrida. N. M.] nunca impugnado o destruido, solamente reinscrito en contextos más potentes, más largos, más estratificados. (...) en el interior de contextos interpretativos (es decir de relaciones de fuerza – siempre diferenciales – por ejemplo socio-político-institucionales pero incluso más allá de estas

blemente su discurso hacia una "teología negativa" (acusación que, cómo no, también se ha vertido sobre su obra)[238]. De hecho, tal y como se refleja ya en sus primeros escritos, Derrida jamás ha creído que hubiese que elegir[239] entre una interpre-

---

determinaciones) relativamente estables, a veces en apariencia casi inquebrantables, debemos poder invocar reglas de competencia, criterios de discusión y de consenso, la buena fe, la lucidez, el rigor, la crítica y la pedagogía" (Derrida, J., "Vers une éthique de la discussion", *loc. cit.*, pág. 270).

[238] Respecto a la acusación de "místico" el propio Derrida dice al respecto: "Lo que 'quiere-decir' la 'diferiencia', la 'huella', etc. – que por otra parte *no quiere decir nada* -, sería 'antes' del concepto, el nombre, la palabra, 'algo' que no sería nada, que no dependería ya del ser, de la presencia o de la presencia del presente, ni siquiera de la ausencia, todavía menos de una hiperesencialidad. Pero su reapropiación onto-teológica es siempre posible, y sin duda *inevitable* en tanto que se habla, precisamente, dentro del elemento de la lógica y de la gramática onto-teológica. Siempre cabe decir: la hiperesencialidad es justamente eso, un ser supremo que se mantiene inconmensurable con el ser de todo lo que es, que no *es* nada, ni presente ni ausente, etc. Si el movimiento de esta reapropiación parece efectivamente irreprimible, no por eso es menos necesario su fracaso final. Pero esta cuestión perdura, lo concedo, en el corazón de un pensamiento de la *diferiencia* o de una escritura de la escritura" (Derrida, J., "Cómo no hablar. Denegaciones", *Suplementos Anthropos*, 13 (marzo, 1989)). Vemos pues que Derrida no exagera cuando avisa de los riesgos de su empresa ya que, al tener que *escribirse* en las categorías del *logos*, la tarea deconstructiva corre el gran peligro de ser (mal) *comprendida*, es decir, *apropiada* (en todos los sentidos).

[239] "Hay, pues, dos interpretaciones de la interpretación, de la estructura, del signo y del juego. Una pretende descifrar, sueña con descifrar una verdad o un origen que se sustraigan al juego y al orden del signo, y que vive como un exilio la necesidad de la interpretación. La otra, que no está ya vuelta hacia el origen, afirma el juego e intenta pasar más allá del hombre y del humanismo, dado que el nombre del hombre es el nombre de ese ser que (...) ha soñado con la presencia plena, el fundamento tranquilizador, el origen y el final

tación en el sentido "clásico" por un lado y, por otro lado, una interpretación de corte "nietzscheano", sino que ha reconocido incluso como "indispensable" la negociación con las normas "clásicas": ¿cómo si no se producirían alguna vez "efectos" demostrativos (esos que parecen molestar tanto)? Consiguientemente, ni lecturas-comentario que "redoblan" y parapetan el sentido[240], *cerrando* la(s) lectura(s), ni insumisión a toda norma: se trata de asumir de modo coherente que "cuando uno escapa a la autoridad o al sistema que está poniendo en cuestión, uno no está autorizado a decir cualquier cosa: tiene que inventar, o derivar, o construir, o implicar nuevas reglas. Y estas nuevas reglas están escritas, o textualizadas, o manifestadas en una nueva forma de texto, en nuevos procedimientos de demostración, en nuevas formas de sociabilidad, etc."[241]. Por todo ello, el trabajo[242] deconstructivo requiere, como *regla*

---

del juego. (...). Por mi parte, y aunque esas dos interpretaciones deben acusar su diferencia y agudizar su irreductibilidad, no creo que actualmente haya que *escoger*" (Derrida, J., "La estructura, el signo y el juego en el discurso de las ciencias humanas", *loc. cit.*, págs. 400-01).

[240] Por otra parte, observa Derrida que "este "comentario redoblante" y estos "cortafuegos" siempre construidos (y por tanto deconstruibles) no serían en sí mismos ni posibles ni necesarios sin este juego de la diferencia" (Derrida, J., "Vers une éthique de la discussion", *loc. cit.*, págs. 270-1).

[241] Derrida, J., "Algunas preguntas y respuestas" en Culler, Derrida, Fish, Jameson... *La lingüística de la escritura*, Visor, Madrid, 1989, pág. 262.

[242] Decimos "trabajo" y no "método" a pesar de que en algunos ámbitos (en concreto, cierta crítica literaria de origen anglosajón) se ha abusado de un supuesto "método deconstruccionista", muchas veces para ahorrarse el esfuerzo de lectura. Pero que no haya un camino metódico *formalizable* no implica un subjetivismo sin método, "no excluye cierta marcha a seguir" (Derrida, J., "La doble sesión", *loc. cit.*, pág. 406. Trad. modificada). De un modo difícil, "la desconstrucción no es algo sin método, y no es un método" (Derrida, J., "Lo ilegible" en ídem, *No escribo sin luz artificial*, pág. 56).

"general", una lenta, paciente y rigurosa[243] lexcritura, atenta a las marcas y los lugares en los que el sentido se disemina, se *desliza* y se pierde sin amortización posible; al acecho de los signos y las zonas donde el texto *describe* lo que no dice o no *quiere decir*[244]. De este modo, un "término" que aparece en un texto incluso de manera un tanto empírica o casual (por ejemplo, "suplemento", "fármacon", etc.); un "concepto operatorio"[245] que sin constituir el "tema" principal colabora y se somete al presunto *télos* de sentido; una "palabra" que constituye un es-

---

[243] "Habría, pues, con un solo gesto, pero desdoblado, que leer y escribir. Y no habría entendido nada del juego quien se sintiese por ello autorizado a añadir, es decir, a añadir cualquier cosa. No añadiría nada, la costura no se mantendría. Recíprocamente tampoco leería aquel a quien la "prudencia metodológica", las "normas de la objetividad" y las "barandillas del saber" le contuvieran de poner algo de lo suyo. Misma bobería, igual esterilidad la de lo "no serio" y de lo "serio" (Derrida, J., "La farmacia de Platón", *loc. cit.*, pág. 94).

[244] "Como se trata, según hemos visto, de un cierto *deslizamiento*, lo que hay que encontrar realmente, en no menor medida que la palabra, es el punto, el *lugar en un trazado* en el que una palabra que haya sido cogida de la vieja lengua, justo por estar puesta ahí y quedar afectada por ese movimiento, se ponga a deslizarse y a hacer deslizar todo el discurso" (Derrida, J., "De la economía restringida a la economía general", *loc. cit.*, pág. 362).

[245] Recurrimos aquí a la distinción terminológica realizada por Eugen Fink entre "conceptos temáticos" y "conceptos operatorios". Citamos: "El pensamiento se mueve en el elemento del concepto. La conceptualización de la filosofía menta intencionalmente esos conceptos en los cuales el pensamiento fija y conserva lo que ha pensado. A estos conceptos los llamamos "conceptos temáticos". (...). Llamamos conceptos operatorios a todos aquellos que un pensamiento filosofante utiliza corrientemente, penetra, pero sobre los cuales no reflexiona. Son, hablando en imágenes, la sombra de una filosofía" (Fink, E., "Los conceptos operatorios en la fenomenología de Husserl" en A.A. V.V., *Husserl. Tercer Coloquio Filosófico de Royaumont*, pág. 195).

labón más en una cadena textual orientada hacia un *querer decir* la verdad; de este modo pues, dicha "noción", *injertada* en otro encadenamiento engendrado por la propia lectura, deja de funcionar al *servicio* del sistema, renuncia a co-*laborar* produciendo sentido *aprovechable* (ni siquiera como trabajo de lo negativo) y se gasta sin reserva[246], revelándose como un "punto ciego" que (desde siempre ha) cuestiona(do) y desestabiliza(do) al propio texto, señalando así la *ley* de su abertura, de su "indecidibilidad": la *lex*critura deconstructiva muestra (y podríamos decir *formaliza*[247]) cómo ninguna lectura puede cerrarse sobre él y agotar su sentido. Y esto no por una superabundan-

---

[246] Derrida "rescata" aquí los conceptos bataillianos de *servidumbre* y *soberanía*, así como los correlativos de *economía restringida*, aquella que "sólo tiene en cuenta las actividades humanas regidas por conceptos como utilidad, escasez, adquisición, conservación, y ganancia", y de *economía general*, aquella que además da cuenta "de esas otras actividades regidas por conceptos como los de derroche, exuberancia, donación, destrucción y pérdida" (Campillo, A., "Introducción" en Bataille, G., *Lo que entiendo por soberanía*, Paidós, Barcelona, 1996, pág. 20). A partir de ellos, Derrida distingue entre dos escrituras: una escritura *menor* o *servil* que pretende "conservarse en la huella, hacerse reconocer en ella, y reconstituir su presencia", y una escritura *mayor* o *soberana* que, practicando una *epojé* del sentido, "se pliega para encadenar los conceptos clásicos en lo que éstos tienen de inevitable, de tal manera que sigan obedeciendo aparentemente, por un cierto giro, a su ley habitual, pero relacionándose en un cierto punto con el momento de la soberanía, con la pérdida absoluta de su sentido, con el gasto sin reserva (...). Arrastrados en ese deslizamiento calculado, los conceptos se convierten en no-conceptos, son impensables, se hacen *insostenibles*" (Derrida, J., "De la economía restringida a la economía general", *loc. cit.*, págs. 364 y 368, respectivamente).
[247] "Cuando una escritura marca y vuelve a marcar esa indecidibilidad, su poder formalizador es mayor, incluso si es de apariencia "literaria" o en apariencia tributaria de una lengua natural, que el de una proposición de forma lógico-matemática" (Derrida, J., "La doble sesión", *loc. cit.*, pág. 334).

cia semántica indomeñable para un sujeto finito, algo que en última instancia no sería más que una imposibilidad empírica, sino porque, desde su "origen", el sentido "acontece" faltándose, dividido[248], *suplido*.

3.2. Los "indecidibles"

La "suplementariedad" es otro "nombre" (extraído del texto rousseauniano) que *significa* la imposibilidad de *decidir* el sentido y acotarlo dentro de una totalidad. Este "término" se inscribe en una larga lista, estructuralmente inclausurable, de lo que Derrida denomina "indecidibles": "diferiencia", "escritura", "huella", "marca", "espaciamiento", "suplemento", "fármacon", "iterabilidad", "parergon", "himen", y un (virtualmente) *infinito* etcétera. La referencia *analógica* (Derrida lo subraya[249]) a la demostración de Gödel se funda en que dichos términos se comportan de un modo paradójico para la Teoría de Conjuntos (no obstante, hay que recordar que no son "elementos"): no pertenecen al conjunto al que respectivamente pertenecen, esto es, pertenecen y, *a la vez*, no pertenecen a su conjunto. Una

---

[248] "(...) el casi "sentido" de la diseminación es el imposible regreso a la unidad alcanzada, rejuntada de un sentido, la marcha atrancada de semejante *reflexión*. La diseminación, ¿es por lo mismo la *pérdida* de semejante verdad, la interdicción *negativa* de acceder a semejante significado? Lejos de dejar así suponer que una sustancia virgen le precede o le vigila, dispersándose o prohibiéndose en una negativa segunda, la diseminación *afirma* la generación siempre dividida ya del sentido. Ella – le abandona por adelantado" (*Ibíd.*, pág. 401).
[249] En "La doble sesión" (*loc. cit.*, pág. 330) y más explícitamente en "Posiciones" (*loc. cit.*, pág. 56). Quizás esta precaución se remonta a su *Introducción a "El origen de la geometría" de Husserl* (pág. 45, nota 69) donde afirmaba respecto al descubrimiento de Gödel que "la indecidibilidad no posee un sentido revolucionario y desconcertante; es *ella misma* sólo si permanece esencial e intrínsecamente obsedida [*hantée*] en su sentido de origen por el *télos* de decidibilidad cuya disrupción ella señala".

proposición indecidible es una proposición que, dado un sistema de axiomas, no se puede deducir de ellos como una consecuencia analítica, ni tampoco entra en contradicción con ellos, no siendo ni verdadera ni falsa con respecto a esos axiomas: *tertium datur*. Sin embargo, esta "indecidibilidad" no es una *propiedad* de dichos "nombres" o "conceptos", algo así como una equivocidad congénita o un potencial especulativo intrínseco similar al que Hegel describía para palabras como *Aufhebung* o *Urteil*. Como apuntábamos más arriba, los "indecidibles" son, en general, términos extraídos de un *texto* "concreto", de una oposición, de un sistema de oposiciones, pero que *injertados* en el texto deconstructivo, paralelo pero ligeramente desplazado respecto al primero, descoyuntan las junturas de la estructura de éste. Por ello, *en sí mismos*, los "indecidibles" no *dicen* nada ni tienen la simplicidad puntual de una *coincidentia oppositorum*. No son elementos simples sino más bien sintagmas, y no podrían ejercer sus efectos fuera del sistema textual en el que se insertan. Estas "palabras" "tienen entre ellas una cierta analogía funcional pero permanecen *(restent)* singulares e irreductibles la una a la otra, como lo son las cadenas textuales de las que son inseparables"[250]. Es por esto también que, si bien cumplen una "ley de serie", jugando un papel similar en los textos en los que aparecen, términos como "diferiencia", "escritura", "huella", etcétera, no son identificables o intercambiables entre sí: no *poseyendo* un sentido, se ve mal cómo podría haber entre ellas algún tipo de sinonimia, de relación semántica.

"*No* poseyendo *un* sentido". Esta expresión podría leerse pensando que refiere a la existencia de una pluralidad de sentidos ("poseyendo *varios* sentidos"), pero también puede leerse de modo que apunte a una fracción semántica ("poseyendo *menos de*, *poco más de*, *casi* un sentido"). Con esto último preten-

---

[250] Derrida, J., "Vers une éthique de la discussion", *loc. cit.*, pág. 211, nota 1.

demos recordar que la deconstrucción trata de producir una disrupción del horizonte semántico[251], de la "semantización" del texto que, en una operación idealista, persigue apropiarse del significado desechando la "materialidad" de su escritura como si de los restos de una digestión se tratase[252]. Pero esto no implica la caída de la deconstrucción en un asemantismo formalista "que no se interesara más que por el código, por el puro juego del significante, por la organización técnica de un texto-objeto (...). Estas dos insuficiencias son rigurosamente complementarias"[253]. Por una parte, la deconstrucción utiliza el o los significados y los predicados que el término (que terminará por revelarse como) "indecidible" posee dentro de la oposición en la que aparece. Éste, como venimos diciendo, es un recurso que la deconstrucción no puede soslayar a fin de producir efectos en toda la cadena de significados asociados a dicho término. Incluso puede aprovechar coyunturalmente, de modo secundario, la circunstancia de que éste participe en alguna sinonimia, homonimia, silepsis[254], etcétera. Pero, por otra parte, y he aquí lo importante, lo que un "indecidible" *marca* sobre el texto que *solicita* es "el exceso irreductible de lo

---

[251] "Estas "palabras" sin identidad [los "indecidibles"] tienen al menos en común el concederle vacaciones a la hipóstasis semántica, el mandar a paseo, para espabilarla, una práctica deseosa de identificarse en un discurso, en un querer-decir o en un enunciado" (Derrida, J., "Tener oído para la filosofía" en *Suplementos Anthropos*, 13 (marzo, 1989), pág. 92).

[252] Para la perspectiva opuesta, la del "autor" (creación como defecación, obra como excremento), y en relación con la metafísica de lo *propre* (propio/limpio), ver Derrida, J., "La palabra soplada" en ídem, *La escritura y la diferencia*, págs. 249-252.

[253] Derrida, J., "Posiciones", *loc. cit.*, pág. 62.

[254] Según el Diccionario de la RAE: "2. *Ret.* Tropo que consiste en usar a la vez una misma palabra en sentido recto y figurado; p. ej. *Poner a alguien más suave que un guante*".

sintáctico sobre lo semántico"[255]. Así pues, la "huella" no es *ni* presencia *ni* ausencia, la "escritura" no es *ni* habla *ni* escritura, el "espaciamiento" no es *ni* el tiempo *ni* el espacio, etcétera. Pero "ni/ni es *a la vez* o bien *o bien*"[256]: la "huella" es presencia *y/o* ausencia, ausencia *en* la presencia y viceversa; la "escritura" es habla *y/o* escritura, escritura *en* el habla y viceversa, etc. Si todo este juego de reenvíos pudiese *r-elevarse*, dialectizarse por una *Aufhebung*, detenerse alguna vez en un significado estable, definible, la deconstrucción habría perdido la batalla contra Hegel. No obstante, si admitimos que el tres es el número especulativo, superador de la oposición dual, en Derrida "el "tres" no dará ya la idealidad de la solución especulativa sino el efecto de una re-señalización estratégica que refiera, por fase y simulacro, el nombre de uno de los dos términos al exterior absoluto de la oposición"[257]. De este modo, un "concepto" en una oposición (y tras él todos aquellos con los que hace sistema) aparece *desdoblado* por el efecto de una *re-marca*, por el hecho de que recibe sobre sí *dos señales*: "una, en el interior, la otra en el exterior del sistema desconstruido"[258], sin que nunca pueda dar nunca el salto "superador" hacia un significado trascendental ni permanecer *tranquilamente* en la inmanencia del sistema, lo cual, como apuntamos más arriba, da lugar a (pero simultáneamente es el resultado de) practicar una *doble ciencia*, una *doble escritura*. Por ello, mediante el injerto y la re-escritura de la oposición a deconstruir, uno de sus términos escapa por una punta *sintáctica* a la decidibilidad semántica, *situándose* "entre". El efecto *solicitador* que un "indecidible" efectúa es "en

---

[255] Derrida, J., "La doble sesión", *loc. cit.*, pág. 332.
[256] Derrida, J., "Posiciones", *loc. cit.*, pág. 57.
[257] Derrida, J., "Fuera de libro (Prefacios)", *loc. cit.*, pág. 39. José Bernal realiza un interesante análisis de este "tres" (entrecomillado), otorgándole cierto carácter *paradigmático* respecto a la estructura del (dicho sea metafóricamente) acontecer de los "indecidibles". Ver Bernal Pastor, J., *op. cit.*, págs. 144 y ss.
[258] Derrida, J., "Fuera de libro (Prefacios)", *loc. cit.*, pág. 8.

primer lugar producido por la sintaxis que coloca al "entre" de tal forma que el suspenso no se refiera más que al lugar y no al contenido de las palabras. (...). La palabra "entre" (...) lleva, pues, todo el peso de la operación"[259].

Pensar los "indecidibles" desde el "entre" es considerarlos como "lugares de tránsito"[260] (repetimos, no constituyen nunca un "tema", una "meta") por los que el texto circula regularmente de modo que deja en ellos ciertas huellas de su paso: en su *marcha* los *marca*. Se descubren así como *zonas* de "condensación"[261], de "reserva" económica, pero nunca como palabras eminentes e insustituibles: al no constituir "unidades semánticas", otros términos podrían ejercer una función similar en la estructura textual, si bien con alguna "acumulación" de más o de menos (algo a tener en cuenta a la hora de elegir el término en cuestión). De esta forma, lo que nos permite remitir los "indecidibles" al "entre" es que éste no tiene ningún sentido pleno. Es una "bisagra" sintáctica, una significación incompleta, una palabra sincategoremática que, a diferencia de las categoremáticas, sólo adquiere sentido como elemento de relación dentro de un sintagma. Sin embargo, el "entre" no es *simple* y *puramente* un elemento sintáctico pues puede nominalizarse teniendo como "contenido" de sentido un casi-vacío semántico: *signi-fica, señala, denota* (como apunta el Diccionario de la Lengua de la RAE) el "espaciamiento", la articulación, el intervalo; "tiene por sentido la posibilidad de la sintaxis y ordena el juego del sentido. *Ni puramente sintáctico, ni*

---

[259] Derrida, J., "La doble sesión", *loc. cit.*, pág. 332.
[260] Derrida, J., "Posiciones", *loc. cit.*, pág. 53.
[261] Por ejemplo, *fármacon* es un término que aparece en el texto platónico regularmente, sobre diversos temas, y del que Derrida estudia su "economía": la escritura como *fármacon*; el *fármacon* como veneno, como droga hechizante; el conocimiento como *fármacon*, como remedio frente al hechizo sofístico, como antídoto frente al temor hechizante de la muerte, etc. Ver Derrida, J., "La farmacia de Platón", *loc. cit.*

puramente semántico, señala la abertura articulada de esa oposición"[262], bajo la cual, por ello, no puede ser pensado.

3.2.1 La lógica del suplemento

El "suplemento", "otro nombre de la diferencia"[263], es un "indecidible" que tiene, a nuestro parecer (y en esta elección no puede dejar de haber algo de empírico), la "virtud" de ser, quizás, el más clarificador a la hora de analizar la oposicionalidad o la relación entre los dos términos de una oposición. Ello también en razón de que da lugar a una "lógica" que desestabiliza y reinscribe (pero no *releva* ni desde luego destruye) la lógica tradicional o filosófica, fundada en la posibilidad de la oposición simple. Esta posibilidad requiere, al menos "idealmente", que los dos términos en oposición sean "presentes", "completos" y *exteriores* el uno al otro[264]. Pero, si esto es así de derecho, de hecho sabemos, por todo lo visto más arriba, que toda oposición implica una jerarquía que encumbra uno de los términos como *pura* plenitud, como esencialidad originaria colmada por sí misma, mientras que el otro es degradado a manera de añadido derivado y no "pleno", de accidente secundario y *contaminante*. Así pues, mostrando la imposibilidad de sostener la exterioridad *simple* de ambos términos, la lógica, o mejor, la *gráfica* del suplemento socava este presupuesto de la lógica filosófica, reubicándola y señalando de este modo sus límites[265]. A nuestro pesar, aquí sólo podemos ofrecer una inevitablemente sesgada visión general de la estructura de la suplementariedad, la cual no puede percibirse en su riqueza y

---

[262] Derrida, J., "La doble sesión", *loc. cit.*, pág. 335.
[263] Derrida, J., *De la gramatología*, pág. 191.
[264] Ver *Supra,* nota 201.
[265] "El gráfico de la suplementariedad es irreductible a la lógica, y en primer lugar porque la comprende como uno de sus *casos* y es el único que puede producir su origen" (*Ibíd.*, pág. 324).

complejidad sino a través de la lectura del propio texto derridiano[266]. Sea pues esta advertencia también una invitación.

Si como decíamos más arriba, los "indecidibles" despliegan una función estructural *similar* en los textos que deconstruyen, quizás cabría sugerir que entre el "suplemento" y la "huella" hay cierta *afinidad económica*, pues si ésta nos aparecía a la hora de deconstruir el mito del origen como presencia *presente* (y la teleología solidaria con éste), aquél se va a revelar como un valioso instrumento para desmontar el mito del origen como presencia *plena*. Y ello, en primer lugar, por la coexistencia en esta palabra de dos sentidos inseparables. Por un lado, el suplemento es un *añadido*, un excedente que se adjunta a una plenitud que se basta a sí misma. A diferencia del *complemento*, el suplemento es un *accidente* que se adiciona a algo que es ya, en sí, una esencia completa, una presencia autosuficiente. En virtud de la independencia de la presencia plena respecto a cualquiera de sus agregados accidentales, piensa la metafísica que el suplemento es una *exterioridad simple*, algo no-esencial, *empírico*, en relación con la esencia: "*Lo que se añade no es nada, puesto que se añade a una presencia plena, a la que es exterior*. El habla viene a añadirse a la presencia intuitiva (del ente, de la esencia, del *eidos*, de la *ousía*, etc.); la escritura viene a añadirse al habla viva y presente consigo; la masturbación viene a añadirse a la experiencia sexual llamada normal; la cultura viene a añadirse a la naturaleza, el mal a la inocencia, la historia al origen, etcétera"[267].

---

[266] Al contrario que los análisis de *La voz y el fenómeno*, que apenas si se despegan de la primera de las *Investigaciones lógicas* de Husserl, la deconstrucción del texto de Rousseau en la segunda parte de *De la gramatología* abunda en referencias a múltiples textos, así como engarza o injerta multitud de temas (la oposición naturaleza/cultura, historia; la oposición autoerotismo/sexualidad "normal"; la oposición habla/escritura; la oposición pasión/razón; la representación política; el arte y la *mimesis*, etc.) en torno al "suplemento".
[267] *Ibíd.*, pág. 211.

Ahora bien, si nos fijamos en los primeros términos de estas oposiciones veremos que siempre han designado un *peligro* para los segundos, a los que podían *contaminar* o *impurificar*. Ello es debido en parte al segundo sentido de suplemento. Y es que el suplemento suple, reemplaza aquello a lo que se añade, tiene "la estructura de "en lugar de" *(für etwas)* que pertenece a todo signo en general"[268]. Pero la metafísica desde Platón ve aquí no sólo el riesgo de una mera suplencia, sino el de una verdadera suplantación[269], el de un *parasitismo* que no vive más que de las fuerzas que roba con malas artes y que puede hacer pasar la copia por el original, el signo por la "cosa misma". Ahora bien, que la presencia plena *pueda* ser sustituida (como siempre nos preguntamos por la *posibilidad*), ¿no implica que no se basta a sí misma, que en algún momento se falta, que en algún instante debe ausentarse? "En algún lugar algo no puede llenarse *consigo mismo*, no puede realizarse sin dejándose colmar por signo y pro-curación. El signo es siempre el suplemento de la cosa misma"[270]. Por tanto, el suplemento, añada o sustituya, se inserta en la *marca*, en la huella de un vacío inscrito *dentro* de esa presunta plenitud incapaz de colmarse. En tanto representante, no puede ser simplemente lo otro de lo representado, o por decirlo con Culler: "Para funcionar como sustituto tiene que recordar de algún modo esencial a lo que sustituye"[271]. No puede haber pues exterioridad simple entre el suplemento y lo suplido, algo que, por otro lado, se temía desde siempre la metafísica. La exterioridad no podía ser más que un ideal pues si no, ¿cómo dar cuenta de que un suplemento accidental pueda des*naturalizar* una esencia supuestamente autónoma? ¿Cómo lo haría si no es porque entre lo natural y

---

[268] Derrida, J., *La voz y el fenómeno*, pág. 149.
[269] "*Hacer pasar una cosa por otra*: aunque se entienda en cualquier sentido, esta expresión describe acertadamente el recurso al suplemento" (Derrida, J., *De la gramatología*, pág. 197).
[270] *Ibíd.*, pág. 185.
[271] Culler, J., *op. cit.*, pág. 95.

lo no-natural no hay una relación de oposición *simple*? Si la metafísica había establecido, por así decir, una "diferencia de tipo" entre la esencia y el suplemento, ¿cómo explicar que el suplemento pueda ser condenado como una de*gradación* de la esencia?

Por todo ello, la relación de la metafísica con el suplemento es ambigua. Aquélla quiere pensar la presencia y situarla en el origen pero, en tanto ésta siempre se falta a sí misma, para ello ha de recurrir ineluctablemente al suplemento, *accidente necesario*, a fin de colmar una ausencia, esto es, "debe apelar a lo mismo que expulsa, y al sobrante que *pone fuera*"[272]. Consecuentemente, al igual que ocurría cuando hablábamos más arriba de la huella, si lo no-esencial no sobreviene a lo esencial (como lo secundario a lo originario) sino que cohabitan íntimamente; si la exterioridad es una potencia que constituye retroactivamente[273] la interioridad; en fin, si la presencia exige de cierta ausencia (el suplemento) para ocupar una ausencia, entonces la presencia ya no puede denominarse así más que eufemísticamente mediante unas comillas, como "presencia", reconociendo el suplemento en el origen o una suplementariedad originaria. "El suplemento viene en lugar de un desfallecimiento, de un no-significado o de un no-representado, de una no-presencia. No hay ningún presente antes de él, por lo tanto no está precedido más que por sí mismo, es decir por otro suplemento. El suplemento es el suplemento de un suplemento. Uno quiere remontarse *del suplemento a la fuente*: debe reconocerse que hay *suplemento en la fuente*"[274].

Una vez que admitimos que el origen no es más que otro suplemento (ni presencia ni ausencia), un suplemento de suplemento se hace necesario. Se establece así una cadena de

---

[272] Derrida, J., "La farmacia de Platón", *loc. cit.*, pág. 193.
[273] "La estructura extraña del suplemento aparece aquí: una posibilidad produce con retardo aquello a lo que se dice que se añade" (Derrida, J., *La voz y el fenómeno*, pág. 150).
[274] Derrida, J., *De la gramatología*, págs. 382-83.

suplementos que, en su remitirse el uno al otro, constituyen el deseo de presencia al tiempo que lo difieren *ad infinitum*. De hecho, la suplementariedad "*describe a la cadena misma, al ser-cadena de una cadena textual, a la estructura de sustitución*"[275], abriendo de este modo el movimiento de la significación, del lenguaje, de la idealidad y, en general, de la *vida*, que no es tampoco una presencia plena y encerrada en o sobre sí, sino que está trabajada por la *muerte* como por su diferiencia interior. Y es que la vida absoluta sería la muerte absoluta. La presencia plena no es sino otro nombre de la muerte[276]. La suplementariedad, como diferiencia originaria, suspendiendo la relación con todo origen, inscribiendo el espaciamiento y repitiéndolo en cadena, resguarda de la anhelada y mortal presencia mediante un *económico* efecto de *retardo*[277], abriendo asimismo el orden del sentido a la diseminación. Comentábamos más arriba, respecto a la fenomenología husserliana, cómo en la constitución de la idealidad en el presente su presencia era diferida hasta el infinito en tanto no vivía más que de los actos de repetición. Vemos de nuevo por qué: "Ninguna cosa es completa por sí misma ni puede completarse más que con lo que le falta. Pero lo que le

---

[275] *Ibíd.*, pág. 207.

[276] Esta idea de Derrida está muy arraigada en nuestra cultura greco-judía, desde el mito de Ícaro, pasando por el sol platónico (*República*, 515 d-e), hasta el deseo de Moisés de ver el rostro de Dios y la respuesta de Éste: "Y añadió: "Pero mi rostro no podrás verlo, porque nadie puede verme y seguir con vida" (Éxodo, 33:20).

[277] "Amenaza aterradora, el suplemento también es la primera y más segura protección: contra esa amenaza misma. Por eso es imposible renunciar a él. (...). El suplemento no tiene solamente el poder de *procurar* una presencia ausente a través de su imagen: procurándola por procuración de signo, la mantiene a distancia y la domina. Pues esa presencia, a la vez, es deseada y temida. (...). El goce *mismo*, sin símbolo, el que nos acordaría (con) la presencia pura misma, si algo semejante fuese posible, no sería sino otro nombre de la muerte" (Derrida, J., *De la gramatología*, pág. 198).

falta a toda cosa particular es infinito; no podemos saber por adelantado el complemento que pide"[278]. El "espaciamiento" que constituye la idealidad del sentido separándola de su origen y transformándola en huella de su repetición posible, en suplemento que demanda suplemento, impide que se dé como plenitud y presencia.

Para terminar este parágrafo, querríamos sugerir que, sin duda, aquí está operando un "principio de diferencia" de inspiración saussuriana pero, no obstante, no se reduce simplemente a él[279]. En la teoría de Saussure, los significantes y significa-

---

[278] Derrida, J., "La diseminación", *loc. cit.*, pág. 453. Se vislumbra en todo esto una finitud radical como lo "propio" (bajo tachadura) del hombre, que no puede darse tal nombre sino, habiendo suspendido su relación con toda presencia, deteniendo mediante una *decisión* la cadena de remisiones suplementarias: "El hombre se deja anunciar a sí mismo a partir de la suplementariedad que, por tanto, no es un atributo, accidental o esencial, del hombre. (...). Por lo cual eso propio del hombre no es lo propio del hombre: es la dislocación misma de lo propio en general, la imposibilidad – y por ende el deseo – de la proximidad consigo; la imposibilidad y por ende el deseo de la presencia pura. Que la suplementariedad no sea lo propio del hombre, no significa solamente y de manera tan radical que no sea algo propio; sino también que su juego precede a lo que se llama hombre y se extiende fuera de él. El hombre no *se llama* el hombre sino dibujando límites que excluyen a su otro del juego de la suplementariedad: la pureza de la naturaleza, de la animalidad, de la primitividad, de la infancia, de la locura, de la divinidad. La aproximación a esos límites es a la vez temida como una amenaza de muerte y deseada como acceso a la vida sin diferencia. La historia del hombre *que se llama* hombre es la articulación de todos esos límites entre sí" (Derrida, J., *De la gramatología*, págs. 307-8).
[279] Que Derrida acoge sin más el "principio de Diferencia" del estructuralismo clásico parece ser la opinión de Juan José Acero en su, no obstante, valiente artículo "Derrida vs. Austin-Searle: ¿dos tradiciones en pugna?" en *Suplementos Anthropos*, 13 (1989). Escribe Acero que "la adopción del principio de Diferencia es, a mi modo de ver,

dos de la *langue*, formando dos sistemas superpuestos, no son términos "positivos", sino que se determinan por su diferencia con el resto de términos[280]. Pero esto que es así formulado desde una perspectiva *sincrónica* no puede satisfacer a Derrida[281], quien ve poco rigurosa la oposición *simple* entre *sincrónico*

---

la premisa crucial y más débil de la concepción de Derrida" (pág. 126). Le atribuye a la admisión de dicho principio, por un lado, entrar en conflicto con la intencionalidad y, por otro lado, ser "el auténtico punto de confrontación entre Derrida y la Filosofía Analítica. No es tanto una confrontación de tradiciones, pues los puntos en común o próximos son innegables" (*Ibíd*.). Hagamos algunas precisiones aparte de las que hemos realizado en el texto "principal". En primer lugar, el "principio de Diferencia" no es una *premisa* o un *axioma* que Derrida tome o deje a voluntad, sino que lo hemos visto surgir en su necesidad a partir de, precisamente, la filosofía históricamente más "opuesta" al estructuralismo: la fenomenología husserliana. Además, dicho principio, tal como lo entendía Saussure, viene determinado por la idea de "signo", esto es, por la distinción "significante/significado", oposición que Derrida se esfuerza en deconstruir como logocéntrica. Por otro lado, Derrida mismo reconoce su proximidad con ciertos puntos de la filosofía analítica, no ya de la filosofía quineana o davidsoniana como sugiere seguramente con acierto el profesor Acero, sino de la austiniana: "me siento en muchos aspectos muy próximo de Austin, interesado por él y deudor de su problemática. (...) cuando avanzo cuestiones u objeciones, es siempre en el momento en el que reconozco en la teoría austiniana los presupuestos más tenaces, más sólidos también, de la tradición metafísica más *continental*" (Derrida, J., "Limited Inc a b c...", *loc. cit*., pág. 78). Es una lástima que la respuesta de Derrida a Searle fuese publicada con posterioridad a la aparición del artículo del profesor Acero, de modo que no pudo enriquecer su texto que, de todas formas, es a todas luces ejemplar y *rara avis* en el panorama filosófico español.

[280] Ver *Supra*, nota 86.
[281] "Estas diferencias no caen del cielo y no se inscriben de una vez por todas en un sistema cerrado, en una estructura estática que una

y *diacrónico* o entre *langue* y *parole*[282]. Y es que la *diferiencia* no se da *antes* entre los "elementos" de un sistema que en un "elemento" en sí mismo (por lo que parece doblemente inapropiado llamarlo "elemento"). La alteridad que constituye la identidad de un "elemento" (un significado, una proferencia, un texto, etc.) no es *primeramente* su relación con otros elementos de un sistema estático y cerrado. Dicha alteridad le viene *simultáneamente* por su necesidad de suplemento, de repetición suplementaria, porque al no tener fundamento en ningún *arkhé* ni en ningún *télos* que le aporte una permanencia inquebrantable, sólo puede constituirse y *quedar*, difiriendo de sí, como huella de otras huellas *pasadas* y *futuras*, esto es, desde un punto de vista *diacrónico*. Esta articulación compleja de la relación sincrónico/diacrónico abre la posibilidad de pensar (lo que no descarta la imposibilidad de *conocer*) el cambio de una estructura a otra[283], por ejemplo la evolución de los códigos lingüísticos. Sin embargo, no podríamos llamar a esta estructura diferiencial "principio de diferiencia" más que a condición de entender por ello, en expresión de Descombes, "principio del no-principio"[284].

---

operación sincrónica y taxonómica podría agotar" (Derrida, J., "Semiología y gramatología" en ídem, *Posiciones*, pág. 37).

[282] "Si por hipótesis tenemos por absolutamente rigurosa la oposición del habla *(parole)* a la lengua *(langue)*, la diferiencia será no sólo el juego de las diferencias en la lengua sino la relación del habla con la lengua" (Derrida, J., "La différance", *loc. cit.*, pág. 16 –trad. esp. pág. 51–).

[283] Sin duda, este es el problema (el del "cambio", el del "origen" de una nueva estructura) más acuciante (si no insoluble) del estructuralismo, pero que para Derrida tampoco es pensable desde una fenomenología en tanto que "la cuestión del origen no es ni del orden del acontecimiento ni del de la estructura, escapa a la alternativa simple del hecho y del derecho, de la historia y de la esencia" (Derrida, J., *De la gramatología*, págs. 323-24). Ver *Supra,* nota 204.

[284] Descombes, V., *op. cit.*, pág. 191.

4. "ITERABILIDAD" Y CONTEXTO: LA COMUNICACIÓN EN EL ESPACIO DE LA "ESCRITURA"

Hasta ahora hemos ido recorriendo algunos de los lugares derridianos más emblemáticos y familiarizándonos con los "conceptos" y modos de argumentar del pensador franco-argelino, a fin de armarnos teóricamente para acometer la tarea de situar lo mejor posible la comunicación en el espacio de la "escritura", de la "huella", de la "diferiencia", del "suplemento", etc. La "iterabilidad" es el rasgo de la escritura que, en el contexto de la comunicación, explora "Firma, acontecimiento, contexto" (*Sec*)[285], y si bien se hace referencia a otros como el "espaciamiento", apenas les dedica Derrida unas líneas. Por su importancia en este contexto decidimos tratar el "espaciamiento" más extensamente en el parágrafo 2.4 a la luz de la problemática fenomenológica. Por otra parte, allí nos surgió también, de un modo insistente, el tema de la "repetición" como constitutiva de la idealidad. Pues bien, ahora el término "iterabilidad" va a tomar el relevo a "repetibilidad" aportándole un nuevo matiz que, no obstante, creemos que ya se dejaba entrever en los análisis de *La voz y el fenómeno*. Como ya hemos advertido, el cambio de palabra no debe afectar al "espacio" que ocupa ni a la función que ejerce en una estructura, más que por ciertos beneficios *económicos* de más o de menos. "Iterabilidad", compuesta por *iter* –cuya etimología nos

---

[285] Ver *Supra*, Prólogo.

remite, según Derrida, a *itara*, "otro" en sánscrito–, querría ligar económicamente la repetibilidad a la alteridad. En todo caso, independientemente de lo acertado o errado de los orígenes etimológicos que arguye Derrida, nuestra cuestión debe centrarse en cómo afecta la iterabilidad al concepto de escritura, trasformándolo, y, circunscrita en él, *dentro* de esta "escritura", al concepto de comunicación.

4.1 De la escritura como medio de comunicación a la comunicación como modo de "escritura"

Las últimas palabras que he escrito deberían poner ya sobre aviso al filósofo. ¿La comunicación circunscrita *dentro* de la "escritura"? Así, leída sin más, esta idea debería hacer exclamar al filósofo razonable: ¡el mundo vuelto del revés![286]. ¿No es acaso la escritura un *medio de comunicación*, un medio *de* la comunicación? Dicho de un modo clásico, ¿no es la escritura un "modo" (contingente) de ese "atributo" (necesario) que tiene el pensamiento, al cual podemos llamar "comunicabilidad"[287]? ¿No es la escritura una técnica suplementaria acaecida con posterioridad a la aparición del lenguaje, de la cultura, del hombre? ¿No es todo esto una subversión del orden ontológico y/o cronológico que ni el mismo Derrida cree en tanto afirma que "el *hecho* de la aparición de la escritura no es por tanto necesario"[288]? Todas estas preguntas tienen su pertinencia. Pero quedarse en ellas, esto es, en la acepción corriente

---

[286] Seguramente por haber leído *sin más*, pudo Searle titular un artículo sobre Derrida "The world turned upside down" (*The New York Review*, 24; 27 de octubre de 1983).

[287] Así por ejemplo, el "principio de expresabilidad" de Searle: "(...) cualquier cosa que pueda querer decirse puede ser dicha (...). (...) incluso en los casos donde es imposible de hecho decir exactamente lo que quiero decir, es posible en principio llegar a ser capaz de decir exactamente lo que quiero decir" (Searle, J., *Actos de habla*, Cátedra, Madrid, 2001, págs. 28-9).

[288] Derrida, J., *De la gramatología*, pág. 370.

(que no inocente o natural) de escritura, o responder con una *simple* afirmación, sin querer saber más, es lo que ha granjeado a (un presunto) Derrida tantas críticas ingenuas. Por ello empezaremos despacio, por el principio, reconociendo que, efectivamente, la escritura, tal y como ha sido concebida a lo largo de la historia, no ha designado más que otro medio de transporte del sentido, secundario en su aparición respecto a otros. Con algunas desventajas, se ha visto en ella sin embargo un poderoso medio de comunicación, de telecomunicación, un instrumento que multiplica el alcance y la *extensión* del campo de la comunicación oral o gestual.

Esto que parece una descripción inapelable, de sentido común, suscita, no obstante, la "primera" (y, a nuestro juicio, en virtud del arraigado dogma que quebranta[289], más dolorosamente certera) objeción de Derrida: "Decir que la escritura *extiende* el campo y los poderes de una comunicación locutoria o gestual, ¿no es presuponer una especie de espacio *homogéneo* de la comunicación?"[290]. Efectivamente, según esta concepción la escritura vendría, como una prótesis exterior, en auxilio del habla o del gesto para asistirlos en su labilidad temporal, para protegerlos de su *extinción rápida*[291]. Los límites fácticos de la voz y el gesto cederían de este modo ante la permanencia o ante la dureza de la escritura, la cual abriría casi infinitamente el alcance del mensaje, que transitaría inalterado por el *mismo campo* así ampliado. Cualquier percance o *ruido* en la transmisión del significado sería un suceso que sobrevendría contingentemente a los *canales, entre ellos* la escritura, pensada como

---

[289] "(...) es este motivo de homogeneidad, motivo teológico por excelencia, el que decididamente hay que destruir" (Derrida, J., "Posiciones", *loc. cit.*, pág. 84).
[290] Derrida, J., "Signature, événement, contexte" en ídem, *Limited Inc.*, págs. 20-1; ídem, *Marges*, pág. 370 (trad. esp. 351).
[291] Serrano, S., *La semiótica*, Montesinos, Barcelona, 1992, pág. 53.

"un medio fundamentalmente continuo e igual a sí mismo"[292], y cuya homogeneidad garantizaría, *idealiter*, la comunicación eficaz y sin perturbaciones de "un *sentido* o de un *concepto* separables por derecho propio del proceso de pasaje y de la operación significante"[293]. Por consiguiente, si el ataque de Derrida ha de revelarse efectivo contra ese prejuicio acrítico de "continuidad" (así como contra todos los valores logocéntricos anexos a él: *arkhé*, *télos*, presencia, identidad, simplicidad, totalidad, interioridad, propiedad, etc.), lo que tiene que tratar de mostrar es, en un primer paso, cómo la escritura no puede comprenderse justamente como un medio de comunicación *homogéneo*, ni tan siquiera como un *medio* de comunicación. Por el contrario, si una vez demostrado esto, en un segundo paso, los rasgos que encontramos en la escritura pudiesen ser generalizados a todo tipo de comunicación, "se seguiría un desplazamiento general: la escritura no sería ya una especie de comunicación y todos los conceptos a cuya generalidad se subordinaba la escritura (el concepto mismo como sentido, idea o retención *(saisie)* del sentido y de la idea, el concepto de comunicación, de signo, etc.) aparecerían como no críticos"[294]. Procedamos con la primera tarea.

Derrida escoge a Condillac para ejemplificar la actitud filosófica hacia la escritura debido a que, en su *Ensayo sobre el origen de los conocimientos humanos*, éste analiza el origen y función de la escritura desde la categoría de comunicación. Según Condillac, los hombres empezaron a comunicarse cuando tuvieron (*previamente*) algo que comunicar: sus pensamientos, sus ideas, sus representaciones, etc. Primeramente, pues, tuvieron presente el significado de aquello que querían decir y sólo después usaron para comunicarse un lenguaje de acción, gestual, que se

---

[292] Derrida, J., "Signature, événement, contexte" en ídem, *Limited Inc.*, pág. 21; ídem, *Marges*, pág. 370 (trad. esp. pág. 351).
[293] Derrida, J., "Semiología y gramatología", *loc. cit.*, pág. 32.
[294] Derrida, J., "Signature, événement, contexte" en ídem, *Limited Inc.*, pág. 26; ídem, *Marges*, pág. 374 (trad. esp. pág. 356).

convierte así en el origen de todo lenguaje. Los gestos representaban a las representaciones hasta que el lenguaje oral vino a "suplir" al lenguaje gestual de un modo continuo. Finalmente, ya en disposición del habla, cuando los hombres quisieron perpetuar sus pensamientos y hacerlos llegar más allá de la situación actual a otras personas *ausentes*, inventaron la escritura. En un primer momento la escritura fue pictográfica (un dibujo que representaba la cosa), pero por cuestión de *simple* economía, de abreviatura, la escritura se fue convirtiendo en alfabética (siendo la jeroglífica egipcia y la ideográfica china estadios intermedios). De este modo, la reducción de signos en la escritura alfabética permitía una enorme ganancia de tiempo y espacio para representar y transmitir las *mismas* ideas. Hay por tanto una historia continua de los medios de representación (signos) de las representaciones (ideas), cuya homogeneidad nos permite confiar en que, si bien todos transmiten los mismos contenidos, el progreso se ha efectuado por simples cuestiones de ganancia hacia una *mera* reducción numérica de los signos. Signos que, por otro lado, surgieron en auxilio de la memoria, para recordarnos el objeto cuando éste se *ausenta* de la percepción presente.

Así pues, en adelante el signo será una representación de la idea que, a su vez, representa la cosa percibida. Por su parte, la comunicación en general, el intercambio de signos, será comprendida como transmisión de contenidos ideales, de sentido, mientras que la escritura será concebida como un modo de comunicación, como una *especie*. Pero, ¿cuál es la diferencia específica de la escritura respecto al género "comunicación"? Hemos de responder: la *ausencia*. Sí, pero ¿de qué tipo? Acabamos de decir que todo signo supone cierta ausencia, ¿cuál es pues la especificidad de la ausencia del signo escrito?

Como refería Condillac más arriba, el signo escrito se produce bajo la ausencia de destinatario. Sin embargo, esto no quiere decir simplemente que la persona a la que escribo no está ante de mí, alejada en el espacio y el tiempo. Esto supondría pensar aun la ausencia bajo la autoridad de la presencia, como un *lapsus* tras el cual la presencia sería de nuevo restablecida. Para que la escritura pueda constituirse como tal es necesario pensar en la *posibilidad* de que la distancia (espacial) y la demora (temporal) sean *absolutas*. Un signo escrito no podría cumplir su función si la presencia del destinatario no pudiese diferirse hasta el infinito. Y no sólo *del* (presuntamente original) destinatario, sino de cualquier persona que pudiese acercarse hasta la "comunicación escrita". Ésta ha de continuar siendo legible, esto es, "repetible –iterable– en la ausencia absoluta del destinatario o del conjunto empíricamente determinable de destinatarios. Esta iterabilidad (*iter*, de nuevo, vendría de *itara*, *otro* en sánscrito, y todo lo que sigue puede ser leído como explotación de esta lógica que liga la repetición a la alteridad) estructura la marca de escritura misma"[295]. Una carta puede siempre *errar* de destinatario o *errar* durante siglos conservando sin embargo su legibilidad[296]. Incluso aun desconociendo la lengua en que está escrito el texto, podemos repetir, copiar, "tipar", reproducir esos signos. Esta iterabilidad es la que le otorga a la escritura un "efecto" de trascendentalidad que, si recordamos, el mismo Husserl le concedía con respecto a la constitución de la idealidad. Pero además, recordando también lo que dijimos en el capítulo 2, hemos de reconocer que, aunque Condillac no lo apercibiera, en la escritura está implicada la ausencia del emisor, ya entendamos por ésta su falta de atención, de intención, etcétera, o su ausencia absoluta: su muerte. Un escrito es lo que es en tanto conlleva en su "esencia", en su estructura, la muerte del emisor como su *posibilidad necesaria*: consiste precisamente en la posibilidad de funcionar sin la "asistencia" de su emisor con su querer-decir.

---

[295] Derrida, J., "Signature, événement, contexte" en ídem, *Limited Inc.*, pág. 27; ídem, *Marges*, pág. 375 (trad. esp. pág. 356).
[296] Derrida denomina a esta peculiaridad que la escritura tiene debido a su iterabilidad "destinerrancia" (ver, por ejemplo, Derrida, J., *Políticas de la amistad*, Trotta, Madrid, 1998, pág. 243).

La escritura del sigilo 141

Por tanto, la escritura supone una *disrupción* en el campo de la comunicación: no es otro medio, *otro modo* de comunicación, al menos si entendemos por ésta la "conexión" entre conciencias presentes, la transmisión de un sentido o un querer-decir de *tú* a *tú*, de *yo* a (otro) *yo*. Si ahora se demostrase que los rasgos o los predicados que se han atribuido tradicionalmente a la escritura son *generalizables* a todo tipo de signo y al lenguaje en general[297], ello no podría sino ejercer un *desplazamiento* en el que la comunicación, reinscrita, ya no podría dominar todo el campo.

Dichos predicados son dos[298]. El primero se refiere a lo que podríamos llamar clásicamente su "permanencia": "un signo escrito, en el sentido corriente de esta palabra es, así pues, una marca que queda *(reste)*, que no se agota en el presente de su inscripción y que puede dar lugar a una iteración en la ausencia y más allá de la presencia del sujeto empíricamente determinado que, en un contexto dado, la ha emitido o producido"[299]. Sin embargo, el término permanencia que utilizamos por mor de la claridad, y en tanto estamos describiendo los atributos que *se* adjudican a la escritura *en sentido corriente*, puede llevar a una futura confusión[300] que, por otra parte, hemos intentado

---

[297] Derrida también pretende que estos predicados sean extensibles a lo que la filosofía llama "experiencia" y, en general, a toda presencia. Nosotros hemos asistido en el capítulo 2 al "surgir" de la "escritura" en el discurso que seguramente más ha contribuido a "sutilizar" dicha presencia: la fenomenología husserliana.

[298] Aunque Derrida habla de tres, nos parece que los dos últimos pueden subsumirse en uno.

[299] Derrida, J., "Signature, événement, contexte" en ídem, *Limited Inc.*, pág. 30; ídem, *Marges*, pág. 377 (trad. esp. pág. 358).

[300] Así por ejemplo Searle se permite acusar a *Sec* de "confundir iterabilidad y permanencia del texto" (Searle, J. R., "Reiterating the Differences: A Reply to Derrida", *loc. cit.*, pág. 200). A ello responde Derrida: "*En ningún momento, ni* en *Sec, ni* en los trabajos que lo han preparado, la "permanencia" (incluso relativa) de la escritura, o de lo

desde el principio evitar[301]. La circunstancia de que esta "capacidad" de la escritura esté ligada esencialmente a la iterabilidad, que encadena la repetibilidad a la alteridad, hace que el concepto de "permanencia" (junto con todos aquellos relacionados: subsistencia, presencia plena y presente, identidad a sí, etc.) se revele inadecuado para describir la "estabilidad" de la "escritura" *generalizada*. Algo que viene a paliar el término *restancia* como esa cualidad de no extinguirse en el *presente*.

El segundo predicado está en relación con lo que hemos venido denominando el "espaciamiento". Así pues, "un signo escrito comporta una fuerza de ruptura con su contexto, es decir, con el conjunto de presencias que organizan el momento de su inscripción"[302]. Claramente, cualquier signo escrito o texto es legible más allá del contexto en el que surgió. El espaciamiento separa *de derecho* la marca escrita de toda presencia en general y, en primer lugar, de la presencia "real" del autor, de su querer-decir y todas las circunstancias que lo rodean (horizonte histórico, experiencias subjetivas, intención, etc.). Un texto sigue dándose a leer aun si es anónimo o desconocemos su origen geográfico, histórico, político, etc. Consiguientemente, el diastema que constituye esencialmente al signo escrito también le permite separarse, en segundo lugar, de cualquier referente (objetivo o subjetivo). Esta posibilidad de ser iterable, más allá del "estado de cosas" que la vieron nacer, es precisamente la que permite a la marca escrita (diremos aun) "comunicar" dicho "estado de cosas", es decir, ser lo que es,

---

que sea, ha sido utilizada, *ni* siquiera mencionada como un argumento. Ni la palabra ni el concepto de permanencia. Los dos son por otra parte, pero poco importa aquí, *explícitamente criticados* en los trabajos preparatorios a los cuales acabo de hacer alusión" (Derrida, J., "Limited Inc a b c...", *loc. cit.*, págs. 101-2).

[301] Ver *Supra*, Prólogo.

[302] Derrida, J., "Signature, événement, contexte" en ídem, *Limited Inc.*, pag. 30; ídem, *Marges*, pág. 377 (trad. esp. pág. 358). Ver *Supra*, pág. 98 y ss.

servir para lo que sirve. Además, en tercer lugar, esta "fuerza de ruptura", que es su "fuerza de producción", le permite también separarse de su contexto semiótico, del texto en el que se inserta, de modo que "siempre podemos sacar un sintagma escrito fuera del encadenamiento en el que está cogido o dado, sin hacerle perder toda posibilidad de funcionamiento, si no toda posibilidad de "comunicación" precisamente. Podemos, llegado el caso, reconocerle otras inscribiéndolo o *injertándolo* en otras cadenas. Ningún contexto puede cerrarse sobre él"[303]. Esta peculiaridad del signo escrito (relacionada sin duda con lo que la semiótica denomina el *carácter discreto*[304] de los signos) lo hace independiente del supuesto sentido del texto en el que aparece pues, en tanto puede ser *iterado*, esto es, "recortado" e "injertado" en otro texto, puede desempeñar *otros* "efectos" de sentido en éste[305]. Éste es el rango de su iterabilidad: el signo se *repite* como *otro*, por lo que ningún código finito de reglas puede abarcar la infinidad de posibilidades de injerto de un sintagma escrito: como decíamos más arriba, ninguna cosa puede ser completa porque su necesaria demanda de suplemento es infinita. Si bien el código (la *langue*) es aquello que permite su repetición, la iterabilidad comporta un rasgo de *alteridad* en la producción de la marca que ningún código podría prever y abre, por otra parte, el código a la diferiencia, a la dimensión *temporal* y al cambio[306].

---

[303] Derrida, J., "Signature, événement, contexte" en ídem, *Limited Inc.*, pág. 30 ; ídem, *Marges*, pág. 377 (trad. esp. pág. 358).
[304] Serrano, S., *op. cit.*, pág. 56.
[305] Escribe Graciela Reyes: "No hay discurso que carezca de alguna dimensión intertextual: en todo texto hay otro texto. Pero la operación de recuperación y transvase textual acarrea siempre tergiversación" (Reyes, G., *Polifonía textual*, Gredos, Madrid, 1984, pág. 46).
[306] "(...) si se distingue rigurosamente la lengua [*langue*] y la palabra [*parole*], el código y el mensaje, el esquema y el uso, etc., y si se quiere satisfacer los dos postulados así enunciados, uno no sabe por dónde empezar ni cómo podría empezar algo en general, ya sea la lengua o

En fin, una vez hemos explorado los rasgos característicos de la escritura podemos ahora preguntarnos: ¿son extensibles a todo signo en general, a toda experiencia, a toda presencia? La respuesta de Derrida es obvia: sí. Pero ¿cómo, por qué, en qué condiciones? Pues desde el momento en el que todo signo (oral, escrito, gestual, olfativo, etc.) para funcionar, tiene que ser identificable y reconocible a través de todos los accidentes que pueda acarrear su aparición empírica. Como ya hemos visto[307], esta identidad de la forma del significante se constituye tan sólo por la posibilidad de ser repetido en un "virtualmente" infinito número de contextos, independientemente de la presencia de su referente, de un significado determinado o de una intención comunicativa presente; en resumen, por su *espaciamiento* y su *iterabilidad*. "Esta posibilidad estructural de ser separado del referente o del significado (por tanto de la comunicación y de su contexto) me parece que hace de toda marca, aunque sea oral, un grafema en general, es decir, como ya hemos visto, la *restancia (restance)* no presente de una marca diferencial separada de su pretendida "producción" u origen"[308].

La posibilidad de todo signo de funcionar en la ausencia de su referente creo que no es fácilmente objetable. En cambio, la ausencia de un significado o *sentido* y de una intención *correlativa* que lo "sostenga" o lo "apunte" parece ser más problemática. Aunque la hemos tratado en el epígrafe 2.4 a raíz de la fenomenología husserliana, parece provechoso volver sobre ello. Allí nos referíamos a la distinción que hacía Husserl entre lo contradictorio o lo absurdo como contra-sentido *(Widersinn)* y

---

la palabra. Por lo tanto, hay que admitir, antes de cualquier disolución lengua/palabra, código/mensaje, etc. (con lo que les es solidario), una producción sistemática de diferencias, la *producción* de un sistema de diferencias – una diferencia –" (Derrida, J., "Semiología y gramatología", *loc. cit.*, pág. 38-9).
[307] Ver *Supra*, nota 85.
[308] Derrida, J., "Signature, événement, contexte" en ídem, *Limited Inc.*, pág. 32 ; ídem, *Marges*, pág. 378 (trad. esp. pág. 359).

lo absurdo como sin-sentido *(Unsinn)*. El primer caso se daba en enunciados (por ejemplo, "el círculo es cuadrado") que no poseían significación *objetiva* pero que, no obstante, no carecían completamente de sentido. En ellos había al menos una intención significativa y un *querer-decir* que, precisamente por comprenderlo, nos permitía juzgar la imposibilidad de objeto posible y de cumplimiento significativo. Sin embargo, en el segundo, Husserl considera que ya no hay siquiera lenguaje: son casos de *Sinnlosigkeit* o agramaticalidad como, por ejemplo, "el verde es o". Ahora bien, Husserl determinó siempre la esencia del lenguaje desde un punto de vista lógico y epistemológico, es decir, en vistas al conocimiento de un objeto posible (recordemos, "S es P" como paradigma del lenguaje), pero fuera de ese horizonte orientado hacia la verdad nada impide que dicha cadena de marcas ("el verde es o") pueda funcionar como significante. Y en realidad toda marca se encuentra en la situación de "el verde es o", esto es, que en sí misma no tiene ningún sentido *antes* del injerto en un (con)texto y que sólo así se convierte en *significante*[309]. Por tanto, ello implica, a nuestro juicio, que *todo sentido se injerta sobre un (cierto) no-sentido* por medio de una cadena de suplementos. Este no-sentido (o falta de plenitud del sentido debido al espaciamiento y a la iterabilidad) es lo que permite que una significación suplementaria siempre pueda venir a añadirse, a injertarse sobre otra, y sobre otra, indefinidamente; e incluso sobre una no-significación. Así, en nuestro ejemplo, la cadena fónica "el verde es o" puede cargarse de gramaticalidad al traducirse al francés *("le vert est ou")* y sonar como *"le vert est où"* ("¿dónde está el verde?") –el vaso, el bolígrafo, etc.–). Y más allá de esta contingencia lingüística, la cita de la frase « ..."el verde es o"... » puede también, como referencia citacional, significar además: "esto es un ejemplo de

---

[309] Lo que implica que si una marca puede *ganar* el sentido, también puede *perderlo*.

agramaticalidad", por ejemplo en un libro de gramática[310]. La *cita*, la capacidad del grafema de poder ser puesto entre comillas e insertado en otros contextos, es una posibilidad estructural de toda marca que es factible *gracias a*[311] su espaciamiento e iterabilidad constitutivos, y que permite a cualquier sintagma, grande o pequeño, "saltar" de texto en texto, de contexto en contexto. Ello implica que un contexto nunca pueda saturarse, cerrarse sobre sí: siempre cabe la posibilidad de añadirle o de quitarle alguna marca. Lo que no quiere decir que al (con)texto se le sume o se le sustraiga alguna "cantidad positiva" de sentido como si la marca valiese o fuese algo fuera de contexto, sino "al contrario, que no hay más que contextos sin ningún centro de anclaje absoluto"[312]. Y así es como, entendemos, hay que leer las "polémicas" frases de Derrida[313] "no hay nada antes del texto, no hay pretexto que no sea ya un texto"[314], "no hay más que texto, no hay más que fuera-de-texto"[315] o "no hay fuera de texto absoluto"[316]. Por un lado, ninguna marca puede funcionar fuera de (con)texto, pero justamente, en tanto ese "aparecer en contexto" de la marca viene posibilitado por su espaciamiento y su referencia a *otras* (posibles) iteraciones,

---

[310] La formulación de este ejemplo, que apareció primeramente en *Sec*, la tomamos sin embargo de "Limited Inc a b c..." pues, tal y como está expuesto en el primer texto, puede llevar a confusión. De hecho llevó a Searle a objetar a Derrida el no respetar la distinción entre uso y mención. Para leer la divertida respuesta de Derrida: Derrida, J., "Limited Inc a b c...", *loc. cit.*, págs. 149 y ss.

[311] "Gracias a" o "por culpa de" (siempre cabe la posibilidad de utilizar la cita con resultados desastrosos), lo importante es percatarse de que citacionalidad e iterabilidad no son lo mismo, si bien aquí se asimilan.

[312] Derrida, J., "Signature, événement, contexte" en ídem, *Limited Inc.*, pág. 36; ídem, *Marges*, pág. 381 (trad. esp. pág. 362).

[313] Ver *Supra*, notas 215 y 218.

[314] Derrida, J., "La diseminación", *loc. cit.*, pág. 490.

[315] Derrida, J., "Fuera de libro (Prefacios)", *loc. cit.*, pág. 66.

[316] *Ibíd.*, pág. 54.

esto hace imposible, por otro lado, su *pertenencia* a ningún contexto. Su "aparecer" en un (con)texto es *simultáneamente* su "aparecer" (como "no-aparecer") fuera de él; su presentación, su despresentación.

Como el significado viene determinado por el contexto y éste nunca es saturable, ¿quiere esto decir que con cualquier marca podemos decir cualquier cosa[317]? En absoluto. En primer lugar, que un contexto no sea absolutamente determin*able* no implica que, de hecho, no nos las veamos siempre con contextos más o menos determin*ados*. Este es, dicho sin *pathos*, el sino del hombre como ser lingüístico: "Es inevitable, no podemos hacer nada, y sobretodo hablar, sin determinar (de una manera que no es solo teórica sino práctica y performativa) un contexto"[318]. El problema reside entonces en que si el contexto es estructuralmente abierto, esto es, no se cierra *por sí mismo* digamos de un modo "natural", la operación de "clausura" es siempre "convencional", *establecida* por fuerzas de cierta estabilidad (por ejemplo, las instituciones, la tradición, el "sentido común", el propio lenguaje, etc.) que ineluctablemente *erigen* determinadas oposiciones en las que el sentido aparezca como decidible. Si la operación de "cierre contextual" no viene nunca *dada* ni es nunca neutra, sino que tiene una historia e implica, incluso en el discurso más teórico, valoraciones, es decir, decisiones ético-políticas de *exclusión* (de la mujer, del loco, del homosexual, del animal, del inmigrante, etc.), se entiende que la deconstrucción, definida como "la atención más viva y más amplia posible al contexto y por consiguiente un movimiento incesante de recontextualización"[319], no pueda ser simplemente una "crítica de libros" sino una operación *performativa* con consecuencias ético-políticas. En relación con esto, y en se-

---

[317] Con esta pregunta pretendemos recordar lo que decíamos en el parágrafo 3.1 sobre la diseminación. Allí, en el fondo, no se trataba sino del problema del contexto.
[318] Derrida, J., "Vers une éthique de la discussion", *loc. cit.*, pág. 253.
[319] *Ibíd.*, pág. 254.

gundo lugar, si no podemos decir cualquier cosa con cualquier cosa es porque la marca *resiste* cualquier apropiación *total* por parte de las fuerzas (discursivas o no) que intentan fijar el contexto. En su diseminación por distintos contextos, en su iteración permanente, algo "permanece" como lo *mismo* que no es lo idéntico, algo *queda*: ésta es la *restancia* de la marca que la deconstrucción reivindica y sobre la que opera. Es por mor de este *resto*, que nos impide "cerrar el libro" y proclamar complacientemente ¡todo está bien!, que la deconstrucción insiste, resiste en la "abertura", en la "indecidibilidad". Esto que parece una apología de la arbitrariedad es sin embargo una llamada total al compromiso, a la *responsabilidad infinita*. Y es que si, por hipótesis, el contexto pudiese ser alguna vez totalmente cerrado y el sentido totalmente presente, ¿habría nunca una "comunicación"? ¿una decisión[320]? ¿un error? ¿cómo habría nunca un cambio... incluso hacia lo mejor?

4.2 La problemática del performativo

Una vez dadas las características que constituyen todo grafema y que, como hemos visto están íntimamente entrelazadas entre sí (restancia, espaciamiento, iterabilidad, etc.), Derrida intenta demostrar que también rigen las emisiones y actos performativos (o realizativos, según los traductores españoles) de

---

[320] "(...) el instante de la decisión debe permanecer heterogéneo a todo saber en cuanto tal, a toda determinación teórica o constatativa, incluso si puede y debe ser precedida por toda la ciencia y toda la conciencia posibles. Estas últimas no pueden determinar el salto de la decisión sin transformar ésta en aplicación irresponsable de un programa, y en consecuencia sin privarla de lo que hace de ella una decisión soberana y libre, en una palabra, una decisión – si es que la hay alguna vez –. (...) contar con una tal seguridad (...) destruiría de antemano la posibilidad de dirigirse al otro como tal (...). Sin la posibilidad del mal radical, del perjurio y del crimen absoluto, ninguna responsabilidad, ninguna libertad, ninguna decisión" (Derrida, J., *Políticas de la amistad*, pág. 247).

la teoría austiniana. Y ello porque, valora positivamente Derrida, Austin pretende romper con su teoría del lenguaje el prejuicio de la representación, esto es, con la idea de que la frase "normal" es la representación de un "estado de cosas" y el resto del lenguaje simples "pseudoafirmaciones"[321]. Por el contrario, el performativo ya no se rige logocéntricamente por el valor de verdad, ni refiere a cosa alguna, sino que se mide por diferencias de fuerza en la producción o transformación de una situación (promete, apuesta, casa, bautiza, amenaza, etc.). "El performativo es una "comunicación" que no se limita esencialmente a transportar un contenido semántico ya constituido y vigilado por una intención *(visée)* de verdad (de *desvelamiento* de lo que está en su ser o de *adecuación* entre un enunciado judicativo y la cosa misma)"[322], sino que transmite una fuerza, opera (en) "la realidad", crea algo que hasta ese momento no existía. Sin embargo, Derrida piensa que todas las dificultades que Austin encontró, y que le llevaron a establecer ciertas oposiciones (con sus dudosas idealizaciones-valoraciones consustanciales), encuentran su raíz en que éste no se percató de que los predicados que designa Derrida como *grafemáticos en general* también son extensibles a la estructura de la locución. Por consiguiente, y a pesar de lo valioso de su intento, Austin repite esa estructura argumentativa que ya nos es familiar, consistente en "reconocer que la posibilidad de lo negativo (aquí, los *infelicities*) es una posibilidad ciertamente estructural, que el fracaso es un riesgo esencial de las operaciones consideradas; luego, en un gesto casi *inmediatamente simultáneo*, en el nombre de una especie de regulación ideal, en excluir ese riesgo como

---

[321] "(...) los filósofos han dado por sentado que las únicas cosas en las que están interesados son las emisiones que registran hechos o que describen situaciones con verdad o con falsedad" (Austin, J. L., "Emisiones realizativas" en Valdés Villanueva, L. M. (comp.), *La búsqueda del significado*, Tecnos, Madrid, 2000, págs. 419-20).
[322] Derrida, J., "Signature, événement, contexte" en ídem, *Limited Inc.*, pág. 38; ídem, *Marges*, pág. 383 (trad. esp. pág. 363).

riesgo, exterior, y no decirnos nada sobre el fenómeno de lenguaje considerado. Es tanto más curioso, en todo rigor insostenible, cuanto que Austin denuncia con ironía el "fetiche" de la oposición *value/fact*[323]. Veamos, pues, cómo se realiza esta operación idealizante y cómo afectan los rasgos grafemáticos a la estructura del realizativo, al valor de contexto tal y como es requerido en la teoría de Austin y, sobre todo, algo que interesa sobremanera a este trabajo sobre la comunicación, a la cuestión de la *intención del emisor*.

Austin se propone en *Cómo hacer cosas con palabras* estudiar los usos del lenguaje en los que "expresar la oración (por supuesto en las circunstancias apropiadas) no es describir ni *hacer* aquello que se diría que hago al expresarme así, o enunciar que lo estoy haciendo: es hacerlo"[324]. Así, por ejemplo, casarme (cristianamente) es decir "Sí, quiero" ante mi pareja y un sacerdote, y que mi pareja lo diga asimismo, pero también ha de ocurrir que el sacerdote no sea un impostor, que yo no esté ya casado, etc. Si no se dan toda una serie de circunstancias adecuadas el acto performativo puede salir mal o "fracasar". Austin propone seis condiciones necesarias, que no suficientes, para que un realizativo pueda tener éxito[325]. Todas ellas, valores contextuales, implican que el contexto *que rodea* a una enunciación performativa ha de ser totalmente definible, determinable, al menos de derecho, teleológicamente. De este modo, todo aquello que puede afectar al acontecimiento de un performativo es situado como elemento contextual. Sin embargo, Austin reconoce que todos los actos que se rigen por reglas, por un "ritual", *en tanto convencionales*, están expuestos al

---

[323] Derrida, J., "Signature, événement, contexte" en ídem, *Limited Inc.*, pág. 40; ídem, *Marges*, pág. 384-85 (trad. esp. pág. 364).
[324] Austin, J. L., *Cómo hacer cosas con palabras*, Paidós, Barcelona, 1998, pág. 46.
[325] *Ibíd.*, pág. 56.

fracaso[326]. Ahora bien, cabría preguntar en primer lugar, ¿es la convención algo que rodee *accidentalmente* al enunciado o es precisamente el "rito", la repetición según normas *establecidas*, un rasgo intrínseco, estructural, de toda marca (lo que denomina Saussure como "inmotivación" o "arbitrariedad del signo"[327])? Y, en segundo lugar, si *a priori* toda enunciación performativa es susceptible de fracaso, ¿cuál es el estatuto de este *"accidente"*? Si la *posibilidad* de fracaso es *siempre necesaria* (lo que no mienta que el fracaso sea siempre necesario, que no haya nunca un "éxito"), si esta *posibilidad necesaria* constituye una *ley* estructural del performativo, ¿qué es un éxito?, ¿qué un fracaso?, ¿hasta qué punto pueden oponerse como lo interior a lo exterior?

Austin no se cuestiona nada de esto[328], relegando la posibilidad del fracaso del realizativo a la contingencia exterior, a la

---

[326] "En primer lugar, parece claro que aunque los infortunios nos han atraído (o no han logrado atraernos) en conexión con ciertos actos que en todo o en parte consisten en *emitir palabras*, son una afección de la que son susceptibles *todos* los actos que poseen el carácter general de ser rituales o ceremoniales, esto es, todos los actos *convencionales*" (*Ibíd.*, pág. 60).
[327] "La palabra *arbitrario* necesita también una observación. No debe dar idea de que el significante depende de la libre elección del hablante (ya veremos luego que no está en manos del individuo el cambiar nada en un signo una vez es establecido por un grupo lingüístico); queremos decir que es *inmotivado*, es decir, arbitrario con relación al significado, con el cual no guarda en la realidad ningún lazo natural" (Saussure, F. de, *op. cit.*, Primera Parte, capítulo 1, § 2, pág. 91).
[328] O al menos lo aplaza o excluye de sus propósitos: "(...) como al emitir nuestros realizativos estamos sin duda, y en un sentido correcto, "realizando acciones", entonces, en cuanto tales, esas acciones están expuestas a toda gama de deficiencias a que están expuestas las acciones en general. (...). En otras palabras, las acciones en general (aunque no todas) están expuestas a ser realizadas por la fuerza, o *por accidente* (...). No desarrollaré aquí la doctrina general correspondiente (...). Supongo que una concepción de muy alto

exterioridad contextual. Además, este contexto, determinable *de iure*, incorpora como uno de los elementos necesarios para su "saturación" la conciencia, "la presencia consciente de la intención del sujeto hablante en la totalidad de su acto locutorio. Por ello, la comunicación performativa deviene de nuevo comunicación de un sentido intencional"[329]. Esto es ciertamente sorprendente por cuanto el proyecto de Austin es, en palabras de Culler, "un intento de explicación estructural que ofrece una crítica pertinente de las premisas logocéntricas, pero en su comentario reintroduce precisamente las premisas que su proyecto cuestiona"[330]. Así pues, por todo un estrato de su discurso, explicar una expresión o acto performativo y su fuerza ilocucionaria (esto es, si promete, amenaza, advierte, ordena, etc.) es un trabajo consistente en hallar los procedimientos y circunstancias convencionales que permiten que pueda ser identificado como tal. En coherencia, ante esta "autonomía" de la estructura procedimental respecto de cualquier subjetividad empírica, la intención o el querer-decir del hablante no debería tener más que una relevancia secundaria o no

---

nivel podría abarcar en una sola doctrina los que he llamado infortunios *y* estas otras características "desdichadas" que se pueden presentar en la ejecución de acciones, en nuestro caso, de acciones que contienen una expresión realizativa. Pero no nos ocuparemos de este otro tipo de "desdichas". Tendremos que recordar, sin embargo, que en todos los casos que estamos examinando pueden presentarse características de este tipo y que, de hecho, se presentan de forma constante. Las características de este tipo podrían ser normalmente rotuladas "circunstancias atenuantes" o "factores que reducen o eliminan la responsabilidad del agente", etcétera" (*Ibíd.*, págs. 62-3). Ese "por accidente" que nosotros hemos subrayado en el texto, ¿no remite a una acción *realizada* in*intención*adamente, sin *querer*? Ahora nos preguntaremos por el estatuto de esta posibilidad.
[329] Derrida, J., "Signature, événement, contexte" en ídem, *Limited Inc.*, pág. 39; ídem, *Marges*, pág. 383 (trad. esp. pág. 363).
[330] Culler, J., *op. cit.*, pág. 101.

podría más que, por así decir, inscribirse *en pasivo*[331]. Sin embargo, la intención del hablante sigue jugando un papel tan determinante para Austin, que le lleva a hacer una importante exclusión, fuera de lo que llamamos "lenguaje ordinario", de aquellos usos "parásitos" del lenguaje, que no son "en serio", o no constituyen su "uso normal pleno""[332]. El "lenguaje ordinario", tal y como lo entiende Austin, está de este modo totalmente determinado por el destierro a la "anormalidad" de las bromas, de los poemas y soliloquios, de las re*citaciones* de los actores, etc[333]. No obstante, en tanto que Austin reconoce que son formas de "parasitismo" que *siempre* pueden sobrevenir al lenguaje "normal", cabe la fundada sospecha de que lo que éste entiende y pretende *describir* como "ordinario" no sea

---

[331] Así, por ejemplo, se manifiesta Searle, un autoproclamado "heredero legítimo" de Austin: "(...) lo que nosotros podemos querer decir es una función de lo que estamos diciendo. El significado es más que un asunto de intención, es un asunto de convención" (Searle, J. R., "¿Qué es un acto de habla?" en Valdés Villanueva, L. M. (comp.), *op. cit.*, pág. 443).

[332] Austin, J. L., *op. cit.*, pág. 148.

[333] "En segundo lugar, en tanto que *expresiones* nuestros realizativos son *también* susceptibles de padecer otros tipos de deficiencias que afectan a *todas* las expresiones. Aunque estas deficiencias podrán a su vez ser englobadas en una concepción más general, no nos ocupamos de ellas deliberadamente. Me refiero, por ejemplo, a lo siguiente: una expresión realizativa será hueca o vacía de *un modo peculiar* si es formulada por un actor en un escenario, incluida en un poema o dicha en un soliloquio. Esto vale de manera similar para todas las expresiones: en circunstancias especiales como las indicadas, siempre hay un cambio fundamental de ese tipo. En tales circunstancias el lenguaje no es usado en serio, sino en modos o maneras que son *dependientes* de su uso normal. Estos modos o maneras caen dentro de la doctrina de las *decoloraciones* del lenguaje. *Excluiremos* todo esto de nuestra consideración. Las expresiones realizativas, afortunadas o no, han de ser entendidas como emitidas en circunstancias ordinarias" (*Ibíd.*, pág. 63).

sino una *valoración*, un ideal *prescriptivo* y teleológico de lo que *debería ser*.

Todas aquellas formas "anómalas" de lenguaje que Austin excluye las subsume Derrida, por así decir, bajo un único "significante": *citacionalidad*, posibilidad de toda marca de ser citada. La "cita", según vimos, era la modificación de una iterabilidad general que se mostraba como la condición de que una marca, por el hecho de ser repetible, no quedase encerrada en su "presente de emisión", posibilitando la existencia de cualquier procedimiento. Excluir del lenguaje "normal", aunque sea bajo una presunta intención "metodológica" o "estratégica"[334], las "citas textuales" que se dan al recitar un poema, bromear o representar una obra de teatro, cuando el lenguaje no es más que esta posibilidad general de la cita, de la representación de sí mismo, es cerrarse a una comprensión cabal del mismo[335]. La posibilidad del fracaso no *rodea* al lenguaje como una amenaza externa de la que podría librarse refugiándose en la interioridad de su esencia. Los, según Austin, usos

---

[334] "(...) desde el momento en que (tan pronto como, así de brusco) una posibilidad es esencial y necesaria, *como posibilidad* (e incluso si es posibilidad de lo que llamamos *negativamente* la ausencia, la *"infelicity"*, lo parasitario, lo no-serio, lo no-*"standard"*, lo ficticio, lo citacional, lo irónico, etc.), no podemos, *ni de hecho ni de derecho*, ponerla entre paréntesis, excluirla, dejarla de lado, ni siquiera provisionalmente, ni siquiera por razones pretendidamente metodológicas. En tanto que es esencial y estructural, esta posibilidad marca *todos los hechos*, todos los acontecimientos, incluso aquellos que en apariencia la disimulan" (Derrida, J., "Limited Inc. a b c...", *loc. cit.*, pág. 97). No participamos pues de la "impresión" del profesor Acero, que comparte con Searle la defensa de Austin mediante el argumento de la "exclusión estratégica". Ver Acero, J. J., "Derrida vs. Austin-Searle", *loc. cit.*, pág. 125.

[335] "Dejar al margen por parásitos a ciertos usos del lenguaje para poder fundamentar la propia teoría en otros usos "normales" del lenguaje equivale a evadir las preguntas sobre la naturaleza del lenguaje, precisamente las que una teoría del lenguaje debería contestar" (Culler, J., *op. cit.*, pág. 106).

"no serios" del lenguaje no serían añadidos *dependientes* de los usos "serios" sino, ambos, dos modificaciones de la citacionalidad general que constituye toda marca en tanto *grafema*. Como esta citacionalidad, o mejor, como esta iterabilidad posibilita el que pueda haber performativos "exitosos" *al mismo tiempo* que permite los usos "parasitarios", todo performativo no puede ser sino "impuro": la estructura que permite el performativo "exitoso" lo hace en tanto éste retiene en sí, de derecho, la huella de su posible "fracaso"[336]. Por ello, si bien nos situamos en el nivel de las condiciones de posibilidad, sería equívoco entender la iterabilidad como una condición *trascendental* del realizativo: ¿cómo, si es condición de posibilidad del realizativo en tanto es *simultáneamente* condición de imposibilidad del realizativo puro?

La iterabilidad, escapando a ella, reinscribe la oposición empírico/trascendental (o hecho/derecho, etc.), lo que no puede dejar de desplazar la comprensión que tenemos del "acontecimiento": "¿un enunciado performativo sería posible si un doble *(doublure)* citacional no viniese a escindir, disociar de sí misma la singularidad pura del acontecimiento?"[337]. Ciertamente se dan "acontecimientos": la gente se casa, se inauguran congresos, se bautizan barcos, etc. Ahora bien, estos no podrían producirse si no se rigiesen por procedimientos repe-

---

[336] Lo cual no mienta la confusión indiferente entre performativo exitoso y performativo fallido sino, como bien expresa José Bernal, "que el realizativo sea por naturaleza impuro, no quiere decir que no haya modo de distinguir entre el realizativo logrado y el realizativo citado, que tal diferencia se anule o se neutralice, sino que se trasforma de tal manera que en vez de ser la diferencia entre dos formas de presencia del realizativo, es la *diferiencia* entre dos formas de la iteración del realizativo; esto es, que la diferencia en vez de originarse desde la presencia se (des)origina a partir de la iterabilidad" (Bernal, J., *op. cit.*, pág. 63).
[337] Derrida, J., "Signature, événement, contexte" en ídem, *Limited Inc.*, pág. 44; ídem, *Marges*, pág. 388 (trad. esp. pág. 367).

tibles, esto es, de algún modo en tanto "citamos" una fórmula. Por poner un ejemplo algo burdo, todo ocurre como si al querer casar a una pareja, el oficiante tuviese que recordar (¡y citar!) las palabras que oyó cuando fue por primera vez a una boda y que, a su vez, repetían una formulación anterior, etc. Claro que se casaban, entonces y ahora, personas distintas, pero si hay un "acontecimiento de boda" ello es posible porque se *repiten* las *mismas* marcas para producir, en otro contexto, otro acontecimiento, el *mismo* (una boda) y *otro* (otra boda). Sin duda, aclara Derrida, no es lo mismo la cita en un libro de filosofía que la recitación de un poema o que la "comunicación" de una promesa, pero ello sólo indica la existencia de diferentes *modos*, de distintos *efectos* de cita, dentro de una citacionalidad general.

Por otra parte, esta iterabilidad esencial del acontecimiento, el cual sólo puede "aparecer" *desdoblándose*, impide que la intención del hablante esté completamente presente a sí misma, dominando el campo de la enunciación y jugando el papel de "saturador" último del contexto. Ya no sólo porque alguna intención inconsciente (tal y como la entiende el psicoanálisis) pueda infundir cierta indeterminación a la intención consciente, sino debido a la *inconsciencia estructural*[338] de la marca, esto es, a la posibilidad de la marca de ser separada y repetida por, y en ausencia de, cualquier sujeto empíricamente determinado (au-

---

[338] Esta "inconsciencia estructural" es, por otro lado, aquello que permite a la deconstrucción dar cabida en sus lecturas al Inconsciente psicoanalítico (esto es, no entendido como un "todavía-no-consciente"). En este Inconsciente, Derrida ve "otra razón por la cual hay, en el "origen" de todo *speech act*, sociedades (más o menos) anónimas con responsabilidad limitada, una multiplicidad de instancias, sino de "sujetos", de significaciones abiertas al gran parasitismo, tantos fenómenos que el "yo consciente" del locutor y del auditor (últimas instancias de la teoría de los *speech acts*) es incapaz de incorporar en tanto que tales, y que a decir verdad hace todo por excluir" (Derrida, J., "Limited Inc. a b c...", *loc. cit.*, pág. 143).

sencia que, volvemos a recordar, puede cifrarse simplemente en que el inaugurador de un edificio pueda estar "pensando en las musarañas" en el momento mismo en que dice las palabras "inaugurales", sin que ello repercuta en el hecho de la inauguración). Por tanto, lejos de ser el "origen" de la enunciación, el emisor del *speech act* se constituye en función de la estructura de la iterabilidad[339]. Sin embargo, como decíamos, Austin no lo entiende así (o al menos no saca las consecuencias que debe) y justifica su preferencia por las "emisiones" realizadas en primera persona del singular, del presente de indicativo en la voz activa, por la circunstancia de que en ellas se hace referencia a la *fuente* (presente) de la enunciación[340]. Incluso no duda que, en los textos escritos, la ligadura de la "emisión" con su origen viene representada por la *firma* del emisor sobre el papel.

Ahora bien, aceptemos que esto es así, que la firma es al texto escrito lo que la presencia del autor es a la emisión performativa. Cabría aun preguntar: ¿qué es una firma? Una firma es una marca escrita no gramatical que no significa nada, o mejor, que no tiene un significado, pues podríamos decir que *significa* (refiere, señala, apunta, etc.), en ausencia del firmante, algo así como "el autor de esta firma está presente, aquí y ahora, al contenido de este escrito". Pero, ¿cómo dar cuenta de ese "acontecimiento" tan puntual si no es mediante una firma

---

[339] Un desarrollo interesante de esta idea dentro de la pragmática es la "teoría polifónica de la enunciación" de Oswald Ducrot (por ejemplo, en Ducrot, O., *El decir y lo dicho*, Paidós, Barcelona, 1986 –sobre todo cap. 8–).

[340] En realidad es el valor de presencia (en el origen) el que es demandado con este gesto: "Pues bien, en vista de este derrumbamiento de los criterios gramaticales, lo que nos gustaría suponer –y es bastante suponer– es que cualquier emisión que sea realizativa podría ser reducida a, o desarrollada en, una de estas dos formas estándares que comienzan con "Yo..." tal y cual o que comienzan con "Usted (o él) *por la presente*..." tal y cual" (Austin, J. L., "Emisiones realizativas", *loc. cit.*, pág. 427. Subrayado nuestro).

que, para poder ser reconocible, ha de tener una forma repetible? Una firma no sería una firma si no se ajustase a un modelo iterable, esto es, si no fuese *imitable* e independiente, para funcionar, de cualquier "querer-decir" o intención significativa (incluso si nuestro "querer" fuese *falsificar* nuestra "propia" firma). Ello implica que sólo podemos hablar de *efectos* de firma, pues es innegable que éstos "son la cosa más corriente del mundo. Pero la condición de posibilidad de esos efectos es simultáneamente, una vez más, la condición de su imposibilidad, de la imposibilidad de su rigurosa pureza"[341]. Que la firma, como cualquier marca, pueda separarse de toda intención o contexto presente es lo que le permite desarrollar sus funciones, pero igualmente ser falsificada. Asimismo, también es posible hacer *sellos* con su forma o máquinas que la reproduzcan indefinidamente (por ejemplo, seguro que el lector tiene en el bolsillo un billete de euro con una firma estampada en "auténtico" facsímil) sin que por ello pierdan sus efectos o dejen de valer como la firma más manual. En fin, con esta idea del *sello*, utensilio de reproductibilidad, nos gustaría concluir la presente reflexión.

---

[341] Derrida, J., "Signature, événement, contexte" en ídem, *Limited Inc.*, pág. 49; ídem, *Marges*, pág. 391 (trad. esp. pág. 371).

5. SELLO, SECRETO, SILENCIO: EL ARCHI-SIGILO

Derrida es un (buen) maestro a la hora de escoger términos que recojan económicamente las diferentes connotaciones de lo que quiere dar a leer. Nosotros, sin pretender llegar a su altura y aprovechando la facilidad que nos brinda la lengua castellana, rescatamos un término que tiene la virtud de enlazar dos significados, o mejor, dos cadenas semánticas muy valiosas en nuestra exposición. El término en cuestión es "sigilo", del que nos dice el Diccionario de la Lengua de la RAE: "**Sigilo**: sello (utensilio para estampar en el papel los signos grabados que tiene); **2**. Impresión que queda estampada por él; **3**. Secreto que se guarda de una cosa o noticia; **4**. Silencio cauteloso". Veamos de qué modo justificamos nuestra propuesta.

En primer lugar, retomemos el asunto de las firmas. Imaginemos a un niño, a un "aspirante" a firmante garabateando sobre un papel y buscando la firma que tendrá que mantener el resto de su vida. Parece que ya tiene algo, una marca un poco definida. ¿Cuándo realiza la primera firma? Seguramente, la "primera vez" que dibuje el trazo de lo que será su futura firma no la considere como un "acontecimiento de firma", al menos hasta que pueda ser capaz de realizar una segunda que reproduzca a la primera. Sólo cuando se le abra la posibilidad de repetir el mismo trazo podrá considerar aquel garabato como su "primera firma". Este relato empírico (no le asignamos otro valor) nos sirve para mostrar cómo funciona ya aquí, en la primera vez, la estructura de la suplementariedad: "una posibilidad produce con retardo aquello a lo que se dice que se añade"[342]. En este diferirse o demorarse la firma *como tal* hasta la reproducción, se ha constituido la forma (ideal), el tipo, el *sello*, el "sigilo" de la firma. Así pues, en un primer sentido, el "sigilo" (como procurador de la repetición) nombraría la idealidad común irreductible a los sigilos empíricos (segundo sentido), esto es, a los trazos impresos que comparten la misma forma, el "sigilo". Sin embargo, como ya hemos visto, la idealidad no vive más de los actos empíricos de repetición. Esta es una relación singular: por una parte, la trascendentalidad del "sigilo" se cifra en ser condición de posibilidad de los sigilos, de las impresiones empíricas (ya en la primera aparición ha de haber implicada una estructura que la posibilite); pero, por otra parte, no habría "sigilo" ideal sin la posibilidad de ser reproducido empíricamente una y *otra* vez. No hay primera vez sin "esencia" ideal y no hay "esencia" ideal sin posible segunda vez, *ergo*, no hay primera vez sin posible segunda vez. En esto cifrábamos la ley de la iterabilidad que desdobla todo acontecimiento y que hace de toda marca una huella. Es este movimiento, esta diferiencia entre el tipo ideal (trascendental) y el tipo impreso (empírico) lo que, aprovechando la polisemia de la palabra, proponemos llamar "*archi-sigilo*" (ni/y empírico ni/y trascendental). Por lo dicho hasta ahora éste no avanza otra cosa que lo que hemos venido nombrando como "huella" o "traza", eso sí, con cierta ganancia semántica en tanto el "sigilo" refiere a una "máquina de escritura", a la imprenta y al impreso. No obstante, todavía quedan por explorar sus recursos más interesantes.

Recordemos cómo para Husserl la *Bedeutung* de "yo" tenía inmediato cumplimiento en el monólogo interior. Asimismo, Austin supone que las emisiones realizativas podrían reducirse a las fórmulas "Yo... tal y cual" o "Usted (o él) por la presen-

---

[342] Ya citado. Ver *Supra,* nota 273.

te... tal y cual". Claramente, el *valor* que con estos gestos *no inocentes* se pretendía preservar era el de presencia al quererdecir, el de origen presente, el de apropiación de lo dicho. Ésta era también la función de la firma en los textos escritos. Pero si alguna vez, por hipótesis, hubiese *una* firma, singular y *única* entonces *nunca* habría firma ni a*firma*ción alguna que comunicar: el deseo de firma propia y única "trataría de impedir toda lectura, incluso la de uno mismo, de hacer que el texto se perteneciera a sí mismo de forma absoluta, idiomática, y el texto totalmente firmado a su firmante, hecho propio, por lo que no sería un texto"[343]. Sin embargo, si nunca hay tal apropiación es porque toda firma (como símbolo de la intención supuestamente presente), demorándose, invoca o promete una segunda firma, otra firma, una firma *otra*, una *contrafirma* que marca a aquélla con su ausencia y que a su vez se rige por la misma ley de iterabilidad. Precisamente, esta ruptura con el presente de emisión que implica la demanda de contrafirma es la que (se) abre al otro y a la posibilidad de archivo, de registro, de lectura, de comunicación. Esta contrafirma puede ser realizada por nosotros mismos (y ahí radica, por ejemplo, la posibilidad del soliloquio, de la reflexión, de la memoria, etc.) o, en virtud de la iterabilidad, por el otro (y ahí reside la *posibilidad necesaria* de la falsificación, del malentendido, pero también del entendimiento). De hecho, la lectura, pero también el diálogo, pueden ser entendidos como un juego incesante de firma y contrafirma: mi querer-decir siempre requiere la confirmación, la "compulsación" del otro. No obstante, no es verdadera la inversa, esto es, que el juego de firma y contrafirma pueda comprenderse como diálogo: éste siempre se inscribe en aquél. Y ello es así porque el otro, aquí el "tú", transformando mis palabras y mi firma en su repetición, nunca puede confirmar *completamente* mi deseo de presencia en tanto él también se ve sometido a la ley inexorable de la iterabilidad. El espaciamien-

---

[343] Bennington, G., "Derridabase", *loc. cit.*, pág. 177.

to y la iterabilidad de la marca, del "sigilo", impiden que la comunicación pueda reducirse a una simple transmisión homogénea de consciencia a consciencia, de presencia a presencia. Siempre *queda* un elemento indecidible que escapa (de modo no accidental sino necesario) al control del sujeto emisor y/o receptor. Husserl decía bien cuando afirmaba que la mutua comprensión no exige la "plena igualdad" de los actos psíquicos de hablante y oyente, pero ello no por la diferencia que pasa entre la percepción interna inmediata de las vivencias del hablante y la percepción externa mediata de las mismas por parte del oyente, sino que ahí se da una diferencia que pasa entre dos modos de no-percepción, de no-presencia a sí. Que no pueda haber una intuición actual de nuestro enunciado emitido implica cierto componente de *secreto*, de *sigilo* (y aquí engarzamos con su tercera acepción) que se sustrae a la conciencia. De ahí lo que Derrida llama "destinerrancia" de la huella, del "sigilo": no puede llegar a la plenitud de su meta porque no ha tenido un origen pleno. Por ello, "es imposible dirigirse a uno solo, a una sola. Por decirlo secamente y sin *pathos*, haría falta hacerlo *cada vez una sola vez*, y que toda iterabilidad sea excluida de la estructura de la huella. Ahora bien, para que uno solo reciba una sola vez una sola marca, hace falta que ésta sea, por poco que sea, identificable, y en consecuencia iterable, y en consecuencia interiormente múltiple y dividida en su ocurrencia, en su carácter de acontecimiento en todo caso. El tercero está ahí"[344].

Así pues, la Idea de un diálogo *puro*, homogéneo y sin fisuras, no puede ser afirmada o anhelada más que *ideológicamente*, como el *fin* del diálogo, como su *télos* y su muerte. Esto conlleva la paradoja de que cuanto más cerca se está del fin (homogeneidad como *télos*) se está *simultáneamente* más cerca del fin (muerte del diálogo): a mayor determinación del sentido (del contexto), menor espacio para el coloquio, mayores violencias

---

[344] Derrida, J., *Políticas de la amistad*, pág. 243.

y fuerzas de exclusión. El dogma de la "religión del consenso" se convierte así en un "ideal autorrefutado" que se destruiría en el momento mismo de cumplirse[345]. Ante esta pretensión ingenua o acrítica impulsada por algún que otro "apóstol fanático de la llamada "comunidad de comunicación"" (Peñalver *dixit*[346]), la deconstrucción afirma la discontinuidad, la ruptura con mi consciencia presente, el secreto en el lenguaje, el *sigilo* del "sigilo" como aquello que, imposibilitando la comunicación *pura* (que no sería otra cosa que la pura incomunicación), abre el movimiento indecidible de la huella. En esta situación el "yo" ya no domina su querer-decir sino que, en su irreductible secundariedad, es un "puro lugar de *paso* entregado a las operaciones de sustitución"[347]. El "sigilo", en su relativa independencia de sus apariciones concretas, es completamente autónomo respecto a mi intención significativa, que no queda negada o "desechada" sino que se limita y se inscribe dentro de aquél: mis palabras siempre dicen más, *otra* cosa de lo que creo querer decir. No es inútil recordar que, entre otras cosas, σιγή (*sigé*) significa "a espaldas de" (aquí, del "yo", del sujeto, de la conciencia, etc.). No obstante, este "decir de más" del lenguaje no hay que entenderlo como una expresividad sobreabundante *virtualmente* explicitable, que se me oculta pero que alguna vez podrá ser dicha. Por el contrario, el "decir de más" o *decir lo otro* hay que pensarlo desde *lo otro del decir*, desde el no-decir, como un silencio, como un sigilo (en su cuarto sentido). En su diferiencia, la huella silencia su secreto, el "sigilo" sigila su *sigilo*. Una marca, un "sigilo" no tiene significación alguna

---

[345] Para calibrar la distancia *teórica* (que subyace, no obstante, a cierta proximidad *política*) de Derrida respecto tanto a Habermas como a Rorty, es interesante ver Mouffe, Ch., "Desconstrucción, pragmatismo y la política de la democracia" en Mouffe, Ch. (comp.), *Desconstrucción y pragmatismo*, Paidós, Buenos Aires, 1998, sobre todo págs. 23-33.
[346] Peñalver, P., *Desconstrucción*, pág. 148, nota 4.
[347] Derrida, J., "La diseminación", *loc. cit.*, pág. 485.

fuera de contexto, esto es, sigila sus posibles efectos de sentido en una "reserva silenciosa" (también esto significa *sigê*) hasta que su ocurrencia en un contexto explota (y sigila para ello) algunos de éstos. Toda la potencia del lenguaje se funda precisamente en esta *reticencia originaria* a decir(se) completamente[348], a hacerse presente. Con la palabra "reticencia" queremos resaltar que no se trata aquí de un silencio y un secreto *absolutos* (algo que sería tan estéril como aquello a lo que se opone, digamos, un diálogo puro y una total *comun*idad), sino de un *"sigilo"* que inaugura, atraviesa, constituye todo proceso de significación. En retórica, la reticencia es (citamos el Diccionario de la Lengua de la RAE) la "figura que consiste en dejar *incompleta* una frase o *no acabar* de aclarar una especie, dando, sin embargo, a entender el sentido de lo que no se dice, y a veces *más de lo que se calla*" (subrayado nuestro). Vimos como el sentido de cualquier marca *quedaba* indecidible en tanto es imposible completarla, calcular la infinitud que le falta, esto es, la totalidad de contextos en los que puede aparecer. Entendida desde el *"sigilo"*, la reticencia sería aquello que "me sustrae aquello mismo con lo que me pone en relación"[349] y que, callando *ahora* en el "sigilo" –que (me) *doy*–, no se da a leer sino con retraso, con una *infinita* demora: no diciendo, dice más. Ésta sería la *inconsciencia estructural* del lenguaje o, en palabras de Patricio Peñalver, el "silencio como ley del lenguaje": "Si el lenguaje *guarda* el silencio (variando la fórmula de *La voz y el fenómeno*), el silencio interviene en el lenguaje, no como su límite (lo indecible), o como su fundamento (lo que hay que decir), sino como el drama de su permanente indecidibilidad: decir

---

[348] Ningún metalenguaje podría dar cuenta de la fuerza realizativa (y ya interpretativa) que instituye una marca, un "sigilo" como significante. En este sentido, cabe afirmar que "hay un silencio encerrado en la estructura violenta del acto fundador. Encerrado, emparedado, porque este silencio no es exterior al lenguaje" (Derrida, J., *Fuerza de ley*, Tecnos, Madrid, 1997, pág. 33).
[349] Derrida, J., "La palabra soplada", *op. cit.*, pág. 242.

quiere decir no estar seguro de decir"³⁵⁰. Esta inseguridad atraviesa y constituye la posibilidad de todo *dar palabra*: como hablar a otro, como promesa. Cabría pues preguntarse: si somos siempre ya huéspedes en un espacio no-propio (la *langue*), ¿cómo se puede dar lo que se ha tomado prestado, lo que no me pertenece completamente³⁵¹? Pero también, a la inversa, ¿se podría dar lo que me perteneciese presente, propia y totalmente? Y es que al dar le es coesencial el recibir, recepción (por el otro "yo" y/o por el "yo" como otro) que debe marcar con su ausencia el "acto" del don³⁵². De algún modo, cuando (me) doy un "signo" no *sé* (lo que) (si) doy. Mas solamente a través de esta *epokhé* del saber o suspensión de la relación con el sentido se abre la posibilidad del *riesgo*, del éxito o fracaso de, por ejemplo, mi acto de habla. Sólo a través del secreto, sólo mediante aquello que *excede* el saber hacia un cierto no-saber, que prescinde así de toda seguridad y de toda certeza, puede pensarse lo que llamamos tradicionalmente *libertad*³⁵³, condición de toda decisión, de toda donación, de toda responsabilidad. Sin esta ruptura con todo horizonte de anticipación, ningún encuentro con lo otro imprevisible³⁵⁴; sin esta interrup-

---

³⁵⁰ Peñalver, P., "Insaturabilidad del contexto y anarquía del sentido", *Fragmentos de filosofía*, 3 (1993), Universidad de Sevilla, pág., 166. En un sentido similar afirma Derrida: "Hablar me da miedo porque, sin decir nunca bastante, digo también siempre demasiado" (Derrida, J., "Fuerza y significación", *loc. cit.*, pág. 18).
³⁵¹ "La lengua es también un fenómeno de don-contra-don, del dar/tomar y de intercambio" (Derrida, J., *Dar (el) tiempo. 1. La moneda falsa*, Paidós, Barcelona, 1995, pág. 83).
³⁵² Recordar todo lo dicho anteriormente respecto a la temporalidad y la auto-afección (*Supra*, parágrafos 2.3 y 2.4).
³⁵³ "La soberanía es absoluta cuando se absuelve de toda relación y se mantiene en la noche de lo secreto" (Derrida, J., "De la economía restringida a la economía general", *loc. cit.*, pág. 366). Es de notar que Derrida, comprensiblemente y por lo expuesto aquí, es muy reacio a usar esta palabra.
³⁵⁴ Derrida, J., "Violencia y metafísica", *loc. cit.*, pág. 128 y ss.

ción, ninguna irrupción; sin este olvido, sin este riesgo, *nada*. Así pues, no puedo más que invocar, modesta pero firmemente, un juramento cuya posibilidad esencial es que no pueda jamás cumplirse[355]: "te prometo que esta palabra tiene mi sello", "te doy mi palabra de que *te doy mi* palabra" (que puedo dar, que lo que doy es mío, que te lo doy a ti). Pero si esta promesa no estuviese encentada desde el inicio, si se cumpliese alguna vez por completo, ¿cómo podría haber nunca un diálogo? ¿Qué podría añadir (aceptar, rechazar, responder en suma) el otro (incluso yo mismo o un tercero) a esta palabra presuntamente plena? Hay que reconocer que, como condición de posibilidad-imposibilidad del diálogo, aquello que "se da" es siempre un *"sigilo"* (un sello –de lo– no presente, un secreto en el querer-decir, un silencio en el decir). Lo cual, de nuevo[356], no implica que ello nos lleve a una angustia paralizante o simplemente a desentendernos de lo que decimos sino, inversamente, a preocuparnos también por lo que no decimos o lo que no se limita a nuestro querer-decir, a *responsabilizarnos* del *resto* que no controlamos. Es por tanto ésta una responsabilidad indecidible[357]: *debemos* siempre decidir, actuar, hablar al otro, determinar contextos, incluso *por el otro*[358], pero siempre

---

[355] "La promesa es imposible pero inevitable. (...). Lo esencial aquí es que una promesa pura no puede tener lugar propiamente, en un lugar propio, aunque es inevitable prometer apenas abrimos la boca, o mejor dicho, apenas hay un texto" (Derrida, J., "Actos" en ídem, *Memorias para Paul de Man*, pág. 107).
[356] Ver *Supra*, pág 98 y ss.
[357] "Indecidible es la experiencia de lo que siendo extranjero, heterogéneo con respecto al orden de lo calculable y de la regla, *debe* sin embargo –es de un *deber* de lo que hay que hablar– entregarse a la decisión imposible, teniendo en cuenta el derecho y la regla" (Derrida, J., *Fuerza de ley*, pág. 55).
[358] Y es que, si bien ello conlleva cierta *violencia irreductible*, no podemos más que arriesgarnos en una *economía*. "Porque, si no se arranca violentamente el origen silencioso a él mismo, si se decide no hablar,

sin autosatisfacción y sin certeza. He aquí la apertura de la ética y de los problemas éticos[359].

En fin, esperamos haber mostrado cómo lo que hemos propuesto llamar el *"archi-sigilo"*, "más antiguo" que la oposición entre el impreso y el tipo ideal, irreductible a la oposición entre el secreto y lo común o manifiesto, condición del habla y del silencio, del entendimiento y del malentendido, representa en todos sus aspectos la ley misma del lenguaje[360]. Y no nos

---

la peor violencia cohabitará en silencio con la *idea* de la paz. La paz sólo se hace en un *cierto silencio*, determinado y protegido por la violencia de la palabra. Como no dice ninguna otra cosa que el horizonte de esta paz silenciosa por la que se hace invocar, y que tiene como misión proteger y preparar, la palabra guarda *indefinidamente* el silencio. Nunca escapamos a *la economía de guerra*" (Derrida, J., "Violencia y metafísica", *op. cit.*, pág. 202).

[359] "Cada vez que oigo a alguien decir 'He tomado una decisión' o 'He asumido mis responsabilidades' me produce sospecha, porque sin hay responsabilidad o decisión no se puede determinarlas como tales o tener certidumbre o buena conciencia en relación con ellas. Si me conduzco particularmente bien en relación con alguien, sé que es en detrimento de otro (...). Es la infinitud la que se inscribe en la responsabilidad; de otra manera no habría problemas éticos. Y es por esto que la indecidibilidad no es un momento para atravesarse a fin de superarlo" (Derrida, J., "Notas sobre desconstrucción y pragmatismo" en Mouffe, Ch. (comp.), *Desconstrucción y pragmatismo*, págs. 167-68).

[360] No está de más advertir que todo aquello que vimos con respecto a la huella es aplicable al *"sigilo"*, en concreto, la imposibilidad de que constituya un origen primordial o un fundamento ontológico, ni siquiera negativo (ver *Supra*, págs. 49 y ss. –sobre todo notas 131,133 y 238–) como parece sugerir, por ejemplo, Habermas (Habermas, J., *Pensamiento postmetafísico*, Taurus, Madrid, 1990, pág. 161). Que nuestra propuesta pueda prestarse al juego de la comparación con los mitologemas de la mística gnóstica o cristiana (por ejemplo, en la gnosis valentiniana, con el Σιγή (*Sigé*) como místico fundamento ontológico y lugar originario de todo lenguaje) suponemos que es algo tan fútil como inevitable. El *"archi-sigilo"* no se arroga ningún privilegio ni se escribe con mayúsculas en su *originaria secundariedad*.

gustaría terminar sin citar extensamente y con agradecimiento el bello fragmento que, en un principio, despertó la curiosidad en el que suscribe estas líneas y que, posteriormente, ha inspirado todo el tiempo nuestra escritura:

"Desde que hablo, las palabras que he encontrado, desde el momento en que son palabras, ya no me pertenecen, son originariamente *repetidas* (...). Ante todo tengo que oírme. Tanto en el soliloquio como en el diálogo, hablar es oírse. Desde que soy oído, desde que me oigo, el yo que *se* oye, que *me* oye, se vuelve el yo que habla y que toma la palabra, *sin cortársela jamás*, a aquel que cree hablar y ser oído en su nombre. Al introducirse en el nombre de aquel que habla, esta diferencia no es nada, es lo furtivo: la estructura de la instantánea y originaria sustracción sin la que ninguna palabra encontraría su aliento. La sustracción se produce como el *enigma* originario, es decir, como una palabra o una historia (*ainos*) que oculta su origen y su sentido, que no dice jamás de dónde viene ni adónde va, ante todo porque no lo sabe, y porque esa ignorancia, a saber, la ausencia de su propio *sujeto*, no le sobreviene sino que la constituye"[361].

---

[361] Derrida, J., "La palabra soplada", *op. cit.*, pág. 244.

6. BIBLIOGRAFÍA UTILIZADA

- A.A. V.V., *Husserl. Tercer Coloquio Filosófico de Royaumont*, Paidós, Buenos Aires, 1968.
- Agamben, G., *El lenguaje y la muerte. Un seminario sobre el lugar de la negatividad*, Pre-Textos, Valencia, 2003.
- Asensi, M. (ed.), *Teoría literaria y deconstrucción*, Arco / Libros, Madrid, 1990.
- Austin, J. L., *Cómo hacer cosas con palabras*, Paidós, Barcelona, 1998.
- Bataille, G., *Lo que entiendo por soberanía*, Paidós, Barcelona, 1996.
- Bennington, G. y Derrida, J., *Jacques Derrida*, Cátedra, Madrid, 1994.
- Bernal Pastor, J., *El desplazamiento de la filosofía de Jacques Derrida*, Universidad de Granada, Granada, 2001.
- Culler, J., *Sobre la deconstrucción*, Cátedra, Madrid, 1998.
- Derrida, J.:
    - "Introduction", en Husserl, E. *L'origine de la géométrie*, Épiméthée, Paris, 1962 (Trad. esp.: Derrida, J. *Introducción a "El origen de la geometría" de Husserl*, Manantial, Buenos Aires, 2000).
    - *La voix et le phénomène*, Épimethée, Paris, 1967 (Trad. esp.: *La voz y el fenómeno*, Pre-Textos, Valencia, 1995).
    - *L'écriture et la différence*, Seuil, Paris, 1967 (Trad. esp.: *La escritura y la diferencia*, Anthropos, Barcelona, 1989).
    - *De la grammatologie*, Minuit, Paris, 1967 (Trad. esp.: *De la gramatología*, Siglo XXI, México, D. F., 2000).

- *Marges. De la philosophie*, Minuit, Paris, 1972 (Trad. esp.: *Márgenes de la filosofía*, Cátedra, Madrid, 1994).
- *Posiciones*, Pre-Textos, Valencia, 1977.
- *La dissémination*, Seuil, Paris, 1972 (Trad. esp.: *La diseminación*, Espiral/Fundamentos, Madrid, 1997).
- *Espolones. Los estilos de Nietzsche*, Pre-Textos, Valencia, 1997.
- *La verdad en pintura*, Paidós, Buenos Aires, 2001.
- *Memorias para Paul de Man*, Gedisa, Barcelona, 1998.
- *Limited Inc.*, Galilée, Paris, 1990.
- *Dar (el) tiempo. 1. La moneda falsa*, Paidós, Barcelona, 1995.
- *Fuerza de ley. El "fundamento místico de la autoridad"*, Tecnos, Madrid, 1997.
- *Resistencias del psicoanálisis*, Paidós, Buenos Aires, 1998.
- *Políticas de la amistad*, Trotta, Madrid, 1998.
- *No escribo sin luz artificial*, Cuatro, Valladolid, 1999.
- *¡Palabra!*, Trotta, Madrid, 2001.
- *El tiempo de una tesis: Desconstrucción e implicaciones conceptuales*, Proyecto A, Barcelona, 1997. (Antología de textos).
- "Algunas preguntas y respuestas" en Culler / Derrida / Fish / Jameson... *La lingüística de la escritura*, Visor, Madrid, 1989.
- "Notas sobre desconstrucción y pragmatismo" en Mouffe, Ch. (comp.), *Desconstrucción y pragmatismo*, Paidós, Buenos Aires, 1998
- *Suplementos Anthropos*, 13 (marzo, 1989). (Antología de textos).
- Descombes, V., *Lo mismo y lo otro. Cuarenta y cinco años de filosofía francesa (1933-1978)*, Cátedra, Madrid, 1998.
- Ferro, R., *Escritura y desconstrucción. Lectura (h)errada con Jacques Derrida*, Biblos, Buenos Aires, 1995.
- Gadamer, H.-G., *Verdad y método, II*, Sígueme, Salamanca, 1998.
- García-Baró, M.:
    - *La verdad y el tiempo*, Sígueme, Salamanca, 1993.
    - *Vida y mundo. La práctica de la fenomenología*, Trotta, Madrid, 1999.

- Gómez Ramos, A. (ed.), *Hermenéutica y deconstrucción. Los límites del encuentro entre Gadamer y Derrida*, Cuaderno Gris, Madrid, 1998.
- Habermas, J.:
  - *El discurso filosófico de la modernidad*, Taurus, Madrid, 1989.
  - *Pensamiento postmetafísico*, Taurus, Madrid, 1990.
- Heidegger, M.:
  - *Interpretaciones fenomenológicas sobre Aristóteles. Indicación de la situación hermenéutica*, Trotta, Madrid, 2002.
  - *Los problemas fundamentales de la fenomenología*, Trotta, Madrid, 2000.
- Husserl, E.:
  - *Investigaciones lógicas*, Vols. I y II, Alianza, Madrid, 2001.
  - *Ideas relativas a una fenomenología pura y una filosofía fenomenológica I*, Fondo de Cultura Económica, Madrid, 1985.
  - *Lecciones de fenomenología de la conciencia interna del tiempo*, Trotta, Madrid, 2002.
  - *Meditaciones cartesianas*, Tecnos, Madrid, 1986.
  - "El origen de la geometría" en Derrida, J., *Introducción a "El origen de la geometría" de Husserl*, Manantial, Buenos Aires, 2000.
- Levinas, E.:
  - *Totalidad e infinito*, Sígueme, Salamanca, 1999.
  - *De Dios que viene a la idea*, Caparrós, Madrid, 2001.
- Merleau-Ponty, M., *Fenomenología de la percepción*, Península, Barcelona, 1997.
- Nietzsche, F., *Más allá del bien y del mal*, Alianza, Madrid, 1997.
- Peñalver, P.:
  - *Crítica de la teoría fenomenológica del sentido*, Universidad de Granada, Granada, 1979.
  - *Desconstrucción. Escritura y filosofía*, Montesinos, Barcelona, 1990.
  - "Insaturabilidad del contexto y anarquía del sentido", *Fragmentos de filosofía*, 3 (1993), Universidad de Sevilla.
- Peretti, C. de, *Jacques Derrida: texto y deconstrucción*, Anthropos, Barcelona, 1989.

- Ricoeur, P.:
    - *Le conflit des interprétations. Essais d'herméneutique I*, Seuil, Paris, 1969.
    - *Del texto a la acción. Ensayos de hermenéutica II*, Fondo de Cultura Económica, Buenos Aires, 2000.
- Rodríguez, R., *La transformación hermenéutica de la fenomenología. Una interpretación de la obra temprana de Heidegger*, Tecnos, Madrid, 1997.
- Rodríguez, R. (ed.), *Métodos del pensamiento ontológico*, Síntesis, Madrid, 2002.
- Rorty, R., *Ensayos sobre Heidegger y otros pensadores contemporáneos. Escritos filosóficos 2*, Paidós, Barcelona, 1993.
- Sáez Rueda, L., *El conflicto entre continentales y analíticos*, Crítica, Barcelona, 2002.
- San Martín, J., *La fenomenología de Husserl como utopía de la razón*, Anthropos, Barcelona, 1987.
- Saussure, F. de, *Curso de lingüística general*, Alianza, Madrid, 1987.
- Schérer, R., *La fenomenología de las "Investigaciones lógicas" de Husserl*, Gredos, Madrid, 1969.
- Searle, J. R.:
    - *Actos de habla*, Cátedra, Madrid, 2001.
    - *El redescubrimiento de la mente*, Crítica, Barcelona, 1996.
- Serrano, S., *La semiótica. Una introducción a la teoría de los signos*, Montesinos, Barcelona, 1992.
- Steiner, G., *Presencias reales. ¿Hay algo en lo que decimos?*, Destino, Barcelona, 2001.
- Valdés Villanueva, L. M. (comp.), *La búsqueda del significado*, Tecnos, Madrid, 2000.

www.ingramcontent.com/pod-product-compliance
Lightning Source LLC
LaVergne TN
LVHW051834080426
835512LV00018B/2869